哈尔滨出版社
HARBIN PUBLISHING HOUSE

太祖
朱元璋

出身贫苦　推翻元朝
建立大明　废丞相

惠帝
朱允炆

朱元璋的孙子　削藩
靖难之役后失踪

成祖
朱　棣

朱元璋第四子　永乐盛世
派郑和下西洋　设东厂

仁宗
朱高炽（chì）

腿脚不便　胖
在位不足一年　仁宣之治

宣宗
朱瞻基

擅长书画　爱斗蟋蟀　仁宣之治
办内书堂教宦官读书

英宗
朱祁镇

当过两次皇帝
土木之变　夺门

代宗
朱祁钰

朱祁镇的弟弟　北京保卫战
夺门之变后被废

宪宗
朱见深

朱祁镇之子　性情宽厚
弥补了父亲的弊政　深爱万贵妃

孝宗
朱祐（yòu）樘（chēng）

只有一个老婆
开创弘治中兴

武宗
朱厚照

"威武大将军总兵官"
爱养猛兽　应州大捷　无子嗣

世宗
朱厚熜（cōng）

朱厚照的堂弟　险些被宫女勒死
沉迷修仙　大礼议

穆宗
朱载垕（jì）

朱厚熜之子　隆庆新政
解除海禁

神宗
朱翊（yì）钧（jūn）

争国本　万历三大征
长期不上朝

光宗
朱常洛

罢除矿税　在位时长不足一个月
梃击案　红丸案

熹宗
朱由校

移宫案　手工达人
倚信魏忠贤

思宗
朱由检

铲除魏忠贤　勤政的劳模
煤山自缢

明朝皇帝世系图

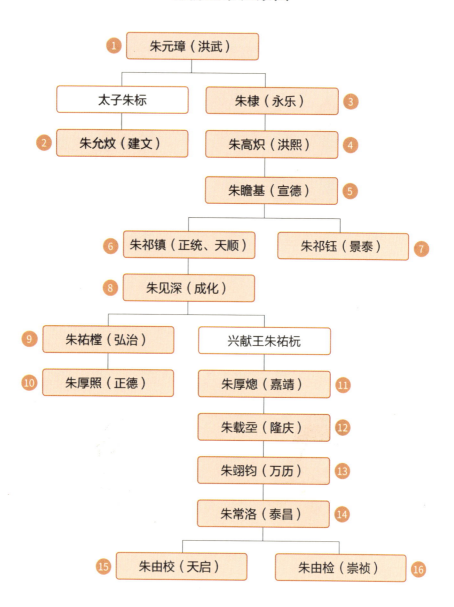

自 序

　　对，你没看错，此胥渡吧就是彼胥渡吧，那个因为一系列神配音而被大家记住的团队。成立11年来，我们当过"导师"，上过央视，万万没想到，2021年，我们要出书了，而且是历史题材的书。

　　一切源于一个偶然的脑洞。某天，因为找选题而头秃的我正在重温童年的回忆《康熙王朝》，突然，一个点子蹦了出来：如果每个朝代的皇帝齐聚在同一时空，会是怎样的场面？努尔哈赤见到穿西装的溥仪，劳模朱元璋见到懒得上朝的万历，朱棣见到寻找了半辈子的建文帝……他们之间碰撞出的火花，想想就让人觉得刺激。

　　脑洞一开就一发不可收拾，我们开始打造帝王群聊系列视频：把同一个朝代的皇帝们"拉"进聊天群，放大他们自身的槽点，让他们互掐、互"怼"。这原本只是一个创新的尝试，没想到一推出就大受欢迎，第一集的播放量很快破了千万，观众们纷纷表示"要素过多""笑出鹅叫""每天一遍防止抑郁"……在大家的热情催更下，这个系列的集数越做越多，朝代也越做越多，目前秦、汉、唐、明、清已经更完，"大宋群"正在筹建中。

搞笑、幽默是我们的特色和优势，但我们并不想止步于形式上的搞笑，设计台本时，我们查了大量资料，试图通过人物的自述和对话辟谣一些野史戏说，让大家在哈哈大笑的同时，又能有所收获。很多观众留言说看帝王群聊系列长知识了；也有很多人因为群聊系列喜欢上了历史，激发了求知欲；更有历史老师把我们的视频"安利"给学生，让学生们在视频里画重点……这些都让我们觉得自己的努力是有价值的，更想把这个系列做好、做精。

因为要顾及视频的展现形式、剧情节奏等，我们无法详细地解释每个梗背后的历史知识，导致有的观众看到不熟悉的人物和事件时会有些蒙，看到一半要去查资料。这个问题在这本书里得到了完美的解决——我们特意划出了一个"敲黑板"板块，对群聊中涉及的知识点进行注解，在保证戏剧性"笑果"的同时，大大增加了可读性。此外，我们还为皇帝们量身定制了专属画像和个性表情包，并贴心地埋了彩蛋，期待大家去挖掘。

帝王群聊系列承载了我们对历史的热爱，因为有爱，我们才有源源不断的灵感去创新，希望能让更多的人感受到，历史并不是冷冰冰的，历史也可以很好玩儿。本书是群聊系列的第一部，难免有不足之处，但我相信它一定可以给你带来惊喜和收获。

胥渡

2021年7月于北京

目 录

前方高能
请勿喝水

朱元璋怒斥子孙后代：

"我家代代是奇葩！"

●●●○○ 大明通信 📶 　　　　　　100% 🔋

‹　我家代代是奇葩（9）　　　　···

 朱元璋

> 我宣布，大明帝国朱家今天正式建群！

 朱元璋

> 群昵称给我统一改成本名。@威武大将军@我欲成仙

朱元璋修改群名为"我家代代是奇葩"

 朱允炆

> 皇爷爷，这个群名好像不太文雅吧……

 朱元璋

> 我一草根出身要什么文雅，再说，朱家后代哪个不奇葩？

 朱元璋

> Judy，你说是吧？@朱棣

 朱棣

> 爸爸，您还是叫我的中文名字吧。
>

敲黑板

◀)) 　明朝开国皇帝朱元璋出身草根，他的父母和大哥在他十七岁的时候相继过世，为了生存，无依无靠的朱元璋便去了皇觉寺当和尚。但很快，因为荒年没有吃的，住持将寺中众僧遣散，朱元璋成为游方僧，以讨饭度日。

◀)) 　朱元璋性格多疑，称帝后对曾经同他出生入死的开国功勋们多有猜忌。据相关史料记载，明朝的

开国功臣中，文臣如李善长、胡惟庸等，武将如蓝
玉、周德兴等，都因各种罪名而被下狱问斩甚至遭
到族诛，仅汤和等少数将领得以善终。

🔊　削（xuē）藩（fān）指为了加强统治者的权力而削夺藩王封地。

🔊　朱元璋在位时把自己的儿子们分封到各地为王，朱允炆即位后，在诸位大臣的建议下开展了削藩运动，朱元璋的儿子们作为亲王镇守各地的局面开始松动，许多亲王遭到了沉重的打击。

🔊　"靖难之役"是朱棣以"靖难"的名义发动的一场皇位争夺战。建文元年（1399年），燕王朱棣打着"清君侧""奉天靖难"的旗号起兵造反，到了建文四年（1402年），战争以朱棣的胜利宣告结束。

🔊　建文帝朱允炆下落不明，有人认为他被烧死在宫里，有人认为他剃度后从地道逃走了。朱棣进入南京后，对朱允炆的旧臣（齐泰、黄子澄、方孝孺等）展开屠戮，造成了空前的惨案。

🔊　"永乐"是朱棣的年号。朱棣在夺取帝位后注重发展经济，提倡文教，与海外各国开展外交活动，声威远播诸国。朱棣在位期间明帝国疆土辽阔，被誉为"远迈汉唐"。

幅员之广，远迈汉唐。成功骏烈，卓乎盛矣。

——《明史》

"永乐盛世"是明初三大盛世之一（另两个盛世分别为"洪武之治"和"仁宣之治"），大名鼎鼎的"郑和下西洋"、编修《永乐大典》等事件均发生在这一时期。

我家代代是奇葩（9）

朱棣
我找了呀！为了找你，我都派郑和下西洋去找了。

朱棣
可是连东厂这样厉害的特务组织都找不到，我能怎么办？！

朱元璋
怎么是东厂？

朱元璋
我记得我设立的情报特务组织叫锦衣卫。

朱允炆
皇爷爷，东厂是他为了牵制锦衣卫设立的。

朱元璋
Judy，你本事挺大啊！

朱棣
……

🔊　锦衣卫是明朝的情报机构之一，直接受皇帝指挥和调动，职责包括秘密调查、侦缉审讯等，它被称为世界上最早的特务机关。锦衣卫的长官叫作锦衣卫指挥使，由于位置十分重要，锦衣卫指挥使通常都是皇帝的心腹。

提起锦衣卫，我们往往会想起飞鱼服和绣春刀，其实并不是每个锦衣卫都能穿飞鱼服、佩绣春刀，这些都是皇帝的赏赐之物。

🔊　东厂全名为东缉事厂，是明代的特权监察机构和特务机关。

朱元璋对宦官秉持着打压的态度，曾明令宦官不得干政，然而朱棣觉得宦官比锦衣卫更忠心、可靠，加上靖难之役时宦官为朱棣出力甚多，因此朱棣即位后开始重用宦官，于永乐十八年（1420年）设立了东缉事厂，由自己的亲信宦官担任其首领。

东厂位于京师（今北京）东安门之北（也有说法认为在东华门旁）。

🔊 锦衣卫与东厂及后来成立的西厂、内行厂，常被合称为"厂卫"。

🔊 永乐三年（1405年），朱棣派郑和率领一支庞大的舰队出访西洋。远航活动前后进行了七次，最

后一次航行结束于宣德八年（1433年），共计拜访了30多个国家和地区，最远到达印度洋西岸的东非地区，《剑桥中国史》称之为欧洲地理大发现之前"世界历史上规模最大的一系列海上探险"。

尽管郑和的船队人数众多、规模空前，但他们没有侵占其他国家的土地，而是给别国带去了文明与和平，促进了明朝与南洋各地之间的交流。

◀) 关于朱棣派郑和出使西洋的动机，向来众说纷纭，有的说是为了寻找朱允炆，有的说是为了扬威海外，也有说法认为是为了与海外通商。

成祖疑惠帝亡海外，欲踪迹之，且欲耀兵异域，示中国富强。

——《明史》

* 朱高炽登基后并没有无所事事，朱允炆出于对朱棣一家
  的不满所以故意这样说。

🔊 明仁宗朱高炽是明朝的第四位皇帝，年号洪熙。他在位的时间很短，登基后不到一年就去世了。

🔊 据《明史》记载，朱高炽身体肥胖，有"足疾"。

🔊 　朱高煦是朱棣的次子，他和哥哥朱高炽都是徐皇后所生。朱高煦最初被封为高阳郡王，后来跟随父亲朱棣起兵靖难，多次立下战功，朱棣对他十分喜爱。

　　朱棣即位后，将朱高炽立为太子，被封为汉王的朱高煦很不甘心，不肯离开京城前往自己的封地。他还经常给朱高炽使绊子，企图谋夺太子之位，做出不少僭（jiàn）越的行为。

　　永乐十五年（1417年），朱高煦被强制离京，就藩乐安州，但他野心不灭，仍密切关注着京城的风吹草动。

🔊 　朱高炽去世后，他的儿子朱瞻基即位。尽管受到侄儿的厚待，但朱高煦觊（jì）觎（yú）皇位，还是选择了起兵造反。朱瞻基果断亲征，朱高煦投降，被废为庶人，后来与自己的儿子们相继被杀。

◀》　　"仁宣之治"的"仁"是指明仁宗朱高炽，"宣"是指明宣宗朱瞻基。

　　明仁宗朱高炽与明宣宗朱瞻基宽松治国、息兵养民，重用以"三杨"（杨士奇、杨荣、杨溥）为首的一班能臣，使明朝在永乐时期的一系列重大活动之后能够迅速休养生息，积累财富，出现盛世的景象。

◀》　　西汉文帝与景帝统治下的治世局面被称为"文景之治"。西汉初年，国家百废待兴，文帝与景帝轻徭薄赋、注重民生，使汉王朝逐渐走向富裕。没有这二位明君打下的基础，也就没有后面汉武帝开创的霸业。

🔊 除了擅长书画，朱瞻基还格外喜欢斗蟋蟀，甚至因此得了个"促织天子"（促织就是蟋蟀）的绰号。

🔊 明英宗朱祁镇是朱瞻基的长子，他的母亲是孝恭章皇后孙氏。朱瞻基死后，朱祁镇即位，年号正统。

正统十四年（1449年），朱祁镇在宦官王振的怂恿下御驾亲征，攻打日益强盛的蒙古瓦剌（là）部，结果被瓦剌人围困在土木堡，兵败被俘。这就是我们常说的"土木之变"。

🔊 "土木之变"发生后，孙太后采纳了兵部侍郎于谦的建议，将郕（chéng）王朱祁钰扶上帝位，朱祁钰就成了明朝的第七任皇帝。

当时情况危急，瓦剌首领也先（人名）挟持着朱祁镇一路往京城攻来，朱祁钰任用于谦等人，最终赢得了北京保卫战的胜利。

🔊 朱祁镇被蒙古瓦剌部扣押一年后回京，朱祁钰自然不愿将皇位归还，便把朱祁镇软禁在南宫，严加看管。

景泰八年（1457年），朱祁镇发动夺门之变，重新称帝，改年号为天顺。因此朱允炆调侃他是"当过两次皇帝的人"。

朱祁镇
建文帝过奖了。🍅

朱祁镇
不过说到玩，后面的皇帝是一个比一个能玩。

朱厚照
去哪里玩？我最喜欢旅游了。

朱厚照

朱元璋
冒泡的是谁啊？@朱厚照

朱祁镇
是朱家大奇葩——正德皇帝朱厚照。

朱厚照
怎么说话呢，我哪奇葩了？

●●●○○ 大明通信 📶　　　　　　　　100% 🔋

< 　我家代代是奇葩（9）　　　　　⋯

 朱厚照

…… 偷狗这事儿又是哪个野史编的？

 朱瞻基

听说你还好斗，天天盼着打仗。

 朱瞻基

你在位的时候，宁王反叛，本来已经被王守仁指挥的部队摆平了，你明明知道消息，却秘而不宣，继续亲征，还想把宁王放了再亲手抓一次。有没有这回事？@朱厚照

 朱元璋

看来还是朝廷给的作业不够多，闲的！😁

 朱厚照

我曾于百万军中取上将首级，威武大将军也有错？

 朱元璋

你怕是安稳日子过久了吧？

●●●○○ 大明通信 📶   100% 🔋

<   我家代代是奇葩（9）   ···

朱厚照
……

朱棣
总而言之，朱厚照在历史上就是留下了行事荒诞不经、贪杯好色、穷兵黩武的无赖形象。

朱棣
他算得上是咱们明朝评价最不好的皇帝之一了。

朱厚照
……
🐷

朱厚熜
其实，堂兄朱厚照也是有优点的。

朱厚熜
他脑子很灵光，会饲养虎豹狮象不说，吹拉弹唱更是游刃有余，听说他还懂梵文，反正只要是和做皇帝不沾边儿的事，他样样都行。

●●●○○ 大明通信 📶 　　　　　　100% 🔋

< 　我家代代是奇葩（9）　　　　　⋯

 朱厚照

这算是群殴吗？

 朱厚照

我一张嘴说不过你们。爸爸救我！
@朱祐樘

 朱元璋

你爸还没进群呢！

 朱元璋

没想到唯一没有槽点的朱祐樘竟生
了你这么个儿子。

 朱厚照

太祖爷，骂我可以，但请不要上升
到爹妈。

 朱元璋

我骂你爹妈了吗？！

 朱元璋

为了能让你们坐稳皇位，老朱我废
丞相、惩贪官、减赋税，到头来竟
有你这样的后代！😤

敲黑板

◀ɕ 洪武十三年（1380年），朱元璋以"枉法诬贤"的罪名诛杀了丞相胡惟庸，并夷其三族，受此事牵连者达数万之多。

借着这个机会，朱元璋废除了传承千年的丞相制度，由皇帝直接掌控六部，极大地加强了皇帝的权力。

◀ɕ 朱元璋从小家境贫苦，深受官府贪腐之害，他当上皇帝后对贪腐现象展开了猛烈的打击，惩治起贪官污吏来毫不手软。

◀ɕ 朱祐樘是朱厚照的父亲，他是明朝的第九位皇帝。

●●●○○ 大明通信 📶　　　　　　　100% 🔋

< 　我家代代是奇葩（9）　　　　···

 朱厚照

就是因为太祖爷您废丞相，搞得权力分散，导致后来宦官乱政。

 朱棣

话虽如此，但废丞相并没有对皇帝的权力造成什么不良影响。

 朱棣

要说有点影响的，还是瞻基设置内书堂教宦官们读书，开了宦官干政的先河。

 朱瞻基

围观也中枪!

 朱瞻基

爷爷，现在是我们一起"怼"朱厚照。你扯我干吗?

 朱棣

不好意思! 开错枪了!

●●●○○ 大明通信 🛜　　　　　　　100% 🔋

< 　我家代代是奇葩（9）　　　　　···

 朱元璋

怎么，你想成仙啊？不知道丹药吃多了伤智商吗？@朱厚熜

 朱厚熜

虽然大多数人确实是一吃丹药就差不多玩完了，但我创造了奇迹啊，我可是活到了六十岁的。

 朱厚照

那你厉害了，孜孜不倦地用生命去作死，居然还能扛这么久，佩服，佩服！

 朱厚熜

只活到二十九岁的你羡慕吧。@朱厚照

 朱厚照

······

敲黑板

🔊 朱元璋曾有过"内监不得识字"的禁令，到了宣德年间，这条禁令被彻底推翻。

明宣宗朱瞻基觉得通晓文墨的宦官做起事来更得心应手，于是就办了个内书堂，选了一些伶俐的小内监，派阁臣去教他们读书。

内书堂延续了很久，一直办到明朝灭亡才终止。

皇帝身边有了这些读过书的宦官后，当政务繁忙时，皇帝便会让宦官批复文件，渐渐地连"批朱"这一特权也掌握在了司礼监的手中。

🔊 朱厚照生于1491年10月，卒于1521年4月，死时不到三十周岁。

朱祁镇控诉血泪史：

被幽禁的七年

●●●○○ 大明通信 📶　　　　　　100% 🔋

‹ 我家代代是奇葩（10）　　　　···

 朱元璋

我大明不是有十六帝吗，怎么群里就这么几个人？

 朱元璋

其他人呢，不进来是不想给我面子吗？

 朱允炆

皇爷爷，后面的皇帝都是四叔一脉的人，我喊不动。

 朱元璋

Judy，把人给我拉进来。@朱棣

 朱棣

爸爸，往后的他们认识我，我不认识他们啊！

"朱祁钰"通过扫描"朱瞻基"分享的二维码加入群聊

●●●○○ 大明通信 📶　　　　　　100% 🔋

〈　我家代代是奇葩（10）　　　　　⋯

 朱祁镇

> 爸爸，你拉谁不好，非拉这货进群。@朱瞻基

 朱祁钰

> 🙈朱祁钰见过太祖爷、太爷爷、爷爷、爸爸……

 朱祁镇

> 这货很自然地避开了建文帝和我……

 朱祁镇

> 啊，不对，好像不存在建文帝。

 朱允炆

> 你什么意思？我这么个大活人怎么就不存在了？

 朱祁镇

> 你的年号后来被我太爷爷永乐帝给取消了。

* 朱祁钰的太爷爷是朱棣，爷爷是朱高炽，爸爸是朱瞻基。

◀》　　靖难之役以朱棣的燕军取得胜利而告终，建文帝朱允炆失去了皇位，从此下落不明。

　　因为朱允炆是懿（yì）文太子朱标的儿子，带有很强的正统性，朱棣即位属于篡权夺位，名不正言不顺。因此，朱棣大造舆论，取消了建文年号，改建文四年为洪武三十五年，认定从法统上明太祖朱元璋的洪武朝直接和他的永乐朝是上下衔接的关系，标榜了自身的正统性。

直到万历年间，建文年号才得以恢复。

🔊 懿文太子朱标是朱元璋的长子，也是朱元璋最疼爱的儿子。

朱标熟读儒家经典，性情仁慈宽厚，不幸的是，他在洪武二十五年（1392年）因风寒病逝。悲痛万分的朱元璋为这个自己最看重的儿子举办了隆重的葬礼，赐谥号"懿文"。

●●●●○○ 大明通信 🛜 　　　　　　　100% 🔋

< 　我家代代是奇葩（10）　　　　　…

 朱棣

太祖爷想看你们的笑话，请你们这些后辈争点气，给我保持好队形。

 朱棣

@所有人

 朱元璋

Judy，你想造反啊，这就开始整队伍了？😁

 朱棣

爸爸您误会了。我是想让您看一下我的治军能力。

 朱棣

都说我五次亲征蒙古，五征五胜。

 朱棣

看，我把儿孙们都调教得这么乖巧听话，我大明的军队肯定也是威武之师。

元朝灭亡后，元顺帝与皇室成员、文臣武将逃往漠南，这一支势力被称为北元。北元保存了足够的军力和国力，与明朝展开了多年的拉锯战，尽管在洪武年间遭受重创，逐步分裂为鞑（dá）靼（dá）、瓦剌两部，但仍对明朝构成威胁。

明成祖朱棣久经沙场、能征善战，分别于永乐七年（1409年）、永乐八年（1410年）、永乐十二年（1414年）、永乐二十年（1422年）、永乐二十二年（1424年）先后五次亲征漠北，有效地打击了蒙古各部，巩固了明朝在北方的统治。

●●●○○ 大明通信 📶　　　　　　　　　100% 🔋

< 　我家代代是奇葩（10）　　　···

朱高炽

> 每逢我爸爸外出带兵打仗，我就奉命留守监国、处理政事。

朱元璋

> 原来你也不是只会吃嘛。

朱高炽

> 爷爷，我记得您以前可喜欢我了，指定我为燕王世子。怎么现在对我的态度转变这么大？

朱高炽

朱元璋

> 那是因为我以前觉得你和允炆一样，都是性情沉稳、宽仁厚道的老实孩子，我们老朱家的后人就该有这样的风范。

朱高炽被立为燕王世子，是朱元璋钦定的。这一方面是因为朱高炽本身就是嫡长子，理应被册立为世子；另一方面是因为，朱高炽虽然不受父亲朱棣的喜爱，却很合祖父朱元璋的心意。

有一次朱元璋让几个藩王世子去检阅御营的卫军，当时是清晨，其他人都迅速执行了任务，只有朱高炽觉得天气太冷，不想让士兵们饿着肚子，所以等士兵们吃完早饭才去检阅。

朱元璋对此很赞赏，认为朱高炽爱护军士。

●●●○○ 大明通信 🛜　　　　　100% 🔋

‹　我家代代是奇葩（10）　　　⋯

 朱高炽

我当皇帝之后，取消了郑和海上远航的计划，停止了边境的茶马贸易，云南和交趾采办黄金珠宝的使团也被我停派了。

 朱棣

你什么意思？

 朱棣

你老子我刚撒手人寰，你就废止我生前的那么多项决议！

 朱瞻基

爷爷，我爸爸之所以这么做，不是要跟您对着干，而是因为他懂得"水能载舟，亦能覆舟"的道理。

 朱瞻基

如果继续按照您的思路搞下去，很有可能会起到反作用，不利于持续发展。

 朱棣

⋯⋯

◀ " "水能载舟，亦能覆舟"的思想出自《荀子》，大意是老百姓能拥护君王，也能推翻君王。

唐代著名宰相魏徵在《谏太宗十思疏》中说："怨不在大，可畏惟人；载舟覆舟，所宜深慎。"

◀ 明成祖朱棣有雄才大略，能够励精图治、锐意进取，但他在大有作为的同时，也耗费了大量的金钱与国力。

朱高炽与朱瞻基在位时逐步调整永乐时期的各项政策，息兵养民，使明朝的盛世与富强得以长期延续。

●●●○○ 大明通信 📶　　　　　　　　100% 🔋

< 　我家代代是奇葩（10）　　　　···

 朱高炽

不仅如此，我还十分注重体恤灾民，我给受灾地区减免了赋税，还免费分发救济粮给饥民。

 朱高炽

虽然我能施展身手的时间不长，但我所做的这一切，也算是给我儿瞻基铺了路，让他治理起国家来能更从容些。

 朱瞻基

谢谢爸爸！❤️

 朱高炽

但是我爷爷不爱我了，我心里难受啊。

 朱元璋

你是个好皇帝没错，错就错在你们一家夺我允炆皇孙的皇位。

 朱元璋

就凭这点，还想我爱你们一家，我呸！没抽你们就不错了！

●●●○○ 大明通信 📶　　　　　　　100% 🔋

< 我家代代是奇葩（10）　　　　　···

 朱高炽

能不能把你家里的小狗借我玩两天？

 朱元璋

Judy，这就是你的子孙后代，养狗的养狗，玩蟋蟀的玩蟋蟀！@朱棣

 朱棣

 朱瞻基

@朱元璋 太爷爷别生气，我爸就是太有爱心了。

 朱厚照

我也很有爱心啊，我还喜欢养狮子、老虎、豹子······

 朱元璋

@朱允炆 允炆哪，你看看，笑话是不是来了！

●●●○○ 大明通信 📶　　　　　　　100% 🔋

‹　我家代代是奇葩（10）　　　　⋯

 朱棣

后面的严肃点，注意保持好队形！
@朱瞻基 跟上！

 朱瞻基

好的！

 朱瞻基

10″

嘿，宝贝来咯！月亮不睡我不睡，
我是宣德小宝贝。率兵亲征平叛
乱，打得二叔到处窜，了不起了不
起！

 朱元璋

你能不能好好说话，你以为你是说
唱歌手吗？😁

 朱瞻基

我即位之初就率兵亲征，平定了二
叔朱高煦的叛乱。

●●●○○ 大明通信 🛜 100% 🔋

〈 我家代代是奇葩（10） ···

朱棣
······

朱厚照
我也亲征啊，我亲征蒙古，取得了应州大捷。

朱厚照
而且我还手除逆瑾，躬御边寇，平了安化王、宁王之叛，并多次赈灾免赋。

敲黑板

🔊 　"逆瑾"指正德年间的宦官刘瑾。刘瑾原本是朱厚照的宠臣，一度权倾朝野，做了许多危害朝政的事。

　　当时和刘瑾一起深得朱厚照宠信的宦官有八

人，被称为"八虎"。正德五年（1510年），"八虎"之一的张永向皇帝朱厚照揭发刘瑾的种种罪状，朱厚照便将刘瑾发配到凤阳照管皇陵，后来以谋反的罪名将其处死。

◀》　值得一提的是，就在刘瑾呼风唤雨之时，还只是个六品小官的王守仁满怀正义感地上疏皇帝，他在疏中称刘瑾为"权奸"，触怒了刘瑾，被贬到贵州龙场，正是在那里，王守仁"龙场悟道"，伟大的阳明心学就此诞生。

◀》　应州大捷发生于明朝正德十二年（1517年）。明武宗朱厚照自称威武大将军朱寿，调集长城军队发动亲征，在应州城下击退蒙古小王子率领的鞑靼骑兵。

由于史料记载不详细，对于应州之战中朱厚照是否真的取得"大捷"，后世有很多争议。

🔊 朱翊钧是嘉靖帝朱厚熜的孙子，年号万历。万历三大征是指万历年间的三场战役。

🔊 朱翊钧在位期间，曾派李如松平定了哱（bā）

拜的叛变（宁夏之役），又派李如松和麻贵抗击丰臣秀吉对朝鲜的入侵（朝鲜之役），还派李化龙平定了苗疆土司杨应龙的叛变（播州之役）。

这三场战役的胜利巩固了明朝在边疆的统治与在东亚朝贡体系中的地位，但也消耗了明朝的国力，为后金崛起、明朝衰落埋下了隐患。

🔊　朱厚照没有子嗣，也没有兄弟，所以朱厚照暴亡后，朝臣便选择了兴献王朱祐杬的儿子朱厚熜来继承大统。由此引发了明朝历史上著名的"大礼议"事件。

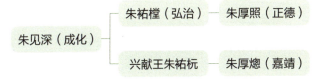

朱厚熜的身份是藩王的儿子，因此，为了确保朱厚熜继承皇位的正统性与合法性，大臣们认为朱厚熜必须被过继到朱祐樘名下，有了这样一道程序，朱厚熜继承皇位才是名正言顺的。朱厚熜不接受这样的安排，与群臣展开了长期的争斗。

●●●○○ 大明通信 📶　　　　　　100% 🔋

< 　我家代代是奇葩（10）　　　···

 朱祁钰

那可不一定！就像你小时候不会走
路，大家都以为你有什么病。

 朱高炽

好好说话，不要人身攻击！

 朱祁钰

大哥他为了显能耐，亲征瓦剌被
虏，大明王朝十六帝，只有他一个
人被俘虏过！

 朱祁镇

 朱祁钰

土木之变，他被俘虏后，听说蒙古
人也先还想把妹妹嫁给他。

 朱厚照

哇，太爷爷，你咋没把人家给娶了
呢？@朱祁镇

* 朱祁镇小时候不会走路，这点在正史上没有相关记载，
朱祁钰因为看不惯朱祁镇，所以以后人的戏说嘲讽他。

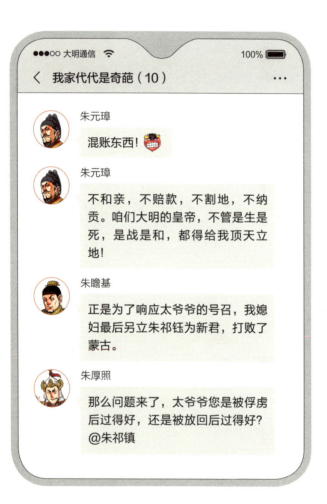

●●●○○ 大明通信 　🛜　　　　　　　　100% 🔋

< 　我家代代是奇葩（10）　　　　　···

朱元璋

混账东西！😬

朱元璋

不和亲，不赔款，不割地，不纳
贡。咱们大明的皇帝，不管是生是
死，是战是和，都得给我顶天立
地！

朱瞻基

正是为了响应太爷爷的号召，我媳
妇最后另立朱祁钰为新君，打败了
蒙古。

朱厚照

那么问题来了，太爷爷您是被俘虏
后过得好，还是被放回后过得好？
@朱祁镇

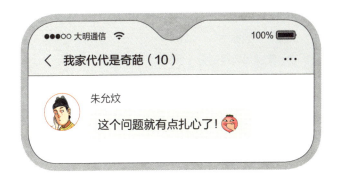

◀》 朱瞻基的媳妇就是前文提到的孙太后。

朱祁镇被俘后，朝臣曾商议花钱赎回朱祁镇，但也先明显是想把朱祁镇当作长期饭票。后来于谦等主战派建议孙太后扶持朱祁钰为帝，对抗也先，也先的如意算盘落空了。

不过，朱祁钰并非孙太后所生，孙太后同意立朱祁钰为帝其实也是无奈之举。

●●●○○ 大明通信 📶　　　　　　　100% 🔋

〈　　我家代代是奇葩（10）　　　⋯

 朱祁镇

@朱祁钰 我跟你有仇吗？

 朱祁钰

谁让你复位后，连祖坟都不让我
进！

 朱祁镇

谁让你在位的时候，幽禁我于南宫
整整七年！

 朱祁钰

当太上皇不好吗？

 朱祁镇

你来试试！

 朱元璋

你俩又要开吵了是吗？！@朱祁镇
@朱祁钰

 朱祁镇

太祖爷，您不知道这货有多过分！

●●●○○ 大明通信 📶　　　　　　　　100% 🔋

< 　我家代代是奇葩（10）　　　　●●●

朱祁镇

他对我严防死守，派了很多内监和
锦衣卫来监视我。

朱祁镇

平日里的吃穿用度也有限，我那钱
皇后有时只能自己做些针线活儿，
托人变卖，用来补贴家用。

朱瞻基

@朱祁钰 你怎么能这样对你哥？

朱祁镇

还不止这些！朱祁钰担心有旧臣偷
偷找我，竟然砍了南宫附近的树，
防止有人藏匿。

朱祁镇

那几年我多么煎熬，多么不容易
啊！

朱祁镇

敲黑板

◀》 朱祁镇发动政变、再次登基后将景泰帝朱祁钰废为郕王，不久后朱祁钰离奇去世，仅被以亲王礼下葬。

朱祁钰的陵墓位于北京市海淀区玉泉山北麓，被称作景泰陵。景泰陵是朱祁钰与其皇后的合葬墓，不属于明十三陵的范畴。朱祁钰也成了明朝自成祖迁都北京之后，首位未被葬入明十三陵的皇帝。

◀》 朱祁镇在南宫的"太上皇生活"很不如意，称得上是与世隔绝。朱祁钰生怕朱祁镇有复辟的企图，对他防备心很重。

当时被派去服侍朱祁镇的人里，有个叫阮浪的老宦官，朱祁镇与阮浪相谈甚欢，有一回赐了阮浪一个金绣袋和一把镀金刀。阮浪没什么心眼，不久后又把这两样东西送给了别人。后来这件事被有心人探知，这人便去向皇帝告密，称太上皇为了复位想要收买人心，阮浪也因此含冤而死。史称"金刀案"。

专情皇帝的困惑：

只娶一个也有罪？

朱元璋的侄子朱文正军事才华横溢，战功卓著，曾经是洪都之战中抵抗陈友谅的主将，后来因为骄纵不法而被朱元璋关了起来。

朱元璋原本是想处死朱文正的，因为马皇后的劝阻才没有杀他，但不久后朱文正还是死在了囚禁之地。

●●●○○ 大明通信 📶   100% 🔋

< 　我家代代是奇葩（10）　　　⋯

朱厚照

我呸！像你留在宫里不上朝又怎样，成天吃经血炼成的丹药，口味够重的。

朱厚照

听说你还逼着一大群花季少女吃树叶喝露水，把活人当虫子养，就你这么整，宫女不勒你勒谁！

朱厚熜

⋯⋯

敲黑板

 　嘉靖帝朱厚熜崇信道教，相信道士炼丹会让自己长生不老。他下令征召了大批十三四岁的宫女，采集她们的经血，用来炼制丹药。

　　这些宫女受到的待遇很苛刻，稍有过错就可能被打死。忍无可忍之下，宫女们发动了一场针对朱厚熜的刺杀行动。

嘉靖二十一年（1542年），以杨金英为首的十多名宫女趁着朱厚熜熟睡的时候，企图把他勒死。但是因为准备不足，宫女们又十分慌张，没能成功勒死朱厚熜。混乱之中，一个宫女因为害怕而退缩了，跑去向皇后告发，皇后带人赶到后制伏了宫女。

这次刺杀发生于壬寅年，因此又被称为"壬寅宫变"。

●●●○○ 大明通信 📶   100% 🔋

‹ 我家代代是奇葩（10）   ···

朱瞻基
> 吃了。

朱祁镇
> 吃了。

朱厚熜
> 吃了。

朱厚照
> ● ● ● ● ● ●

朱元璋
> 又开始了。Judy，你能不能管管你的后代？@朱棣

朱棣
> 爸爸，虽然我是为数不多的开眼看世界的皇帝，但是您能不能叫我的中文名字？@朱元璋

朱元璋
> 这跟你的中文名字有什么区别？

●●●○○ 大明通信 📶　　　　　　100% 🔋

‹　我家代代是奇葩（11）　　　⋯

 朱棣
……

"朱祐樘"通过扫描"朱厚照"分享的二
维码加入群聊

 朱祐樘
朱祐樘见过列祖列宗。

 朱厚照
爸爸，你终于肯进来了，我拉了你
好几次你都拒绝。

 朱元璋
怎么，我建的群有毒啊？@朱祐樘

 朱祐樘
呃，那个，老婆管得严，不让我随
便交往应酬，所以我一直在家陪老
婆……

 朱元璋
你很怕老婆吗？

中国古代的皇帝因其特殊的地位和身份，会有许多配偶。而朱祐樘仅有皇后张氏一个配偶，他和张皇后共同生育了正德皇帝朱厚照、蔚悼王朱厚炜和太康公主，是拥有众多后妃的古代帝王中为数不多的痴情人。

●●●○○ 大明通信 📶 　　　　　　　　100% 🔋

❮　我家代代是奇葩（11）　　　　　⋯

 朱厚照

爸爸，他们合伙欺负我，你可要帮我啊。

 朱祐樘

你觉得在祖宗面前，我能帮你什么？🤬

 朱厚照

……

 朱祐樘

再说，我好不容易创造了"弘治中兴"，扭转了正统、天顺时期因为政治混乱导致的朝政废弛，还改变了成化时期因为南征北战造成的民生凋敝与国库空虚，算是一手缔造了一个中兴气象！

 朱祐樘

@朱厚照 你可倒好，吃喝玩乐不干正事儿，我不收拾你这个败家子就不错了，你还指望我帮你"怼"老祖宗吗？

🔊 中兴的意思是国家由衰微而复兴。

🔊 "弘治"是明孝宗朱祐樘的年号。

史书记载朱祐樘性格宽厚仁和，与群臣相处得很融洽，他广开言路，为政勤勉，改善了明朝在土木之变后的政治生态。

朱祐樘被后世史学家誉为"中兴令主"，弘治时期也得到了"中兴之世"的美誉。

 朱元璋称帝以后，将自己的二十多个儿子分封为镇守各地的藩王，此后"分封"就成了明朝皇帝必须遵守的制度。

朱厚熜的父亲兴王朱祐杬被封在湖广安陆州（今湖北省钟祥市），朱厚熜就是在那里出生的。

●●●○○ 大明通信 📶　　　　　　100% 🔋

‹ 　我家代代是奇葩（11）　　　⋯

朱元璋

> 这么说来，你也跟朱棣那浑小子一样，走的也是王爷升级当皇帝的路线？ @朱厚熜

朱棣

>

朱厚熜

> 唉，我堂兄正德帝朱厚照驾崩，他家一系绝嗣。

朱厚熜

> 我爹兴献王也是成化帝朱见深的儿子，弘治帝的弟弟。我作为弘治帝之侄，正德帝堂弟，自然是根正苗红，就这样入继大统了！

朱厚照

> 那得怪我爸只娶了一个老婆，害得我连个亲生的兄弟都没留下来，让这个老道士得了便宜继承了皇位。

●●●○○ 大明通信 📶   100% 🔋

< 我家代代是奇葩（11）   ···

 朱祐樘

你小子老婆多，有什么用？😈 连一个子嗣都没有，还好意思说你老子？

 朱厚照

……

 朱瞻基

敲黑板，一定要多生儿子，你们看我，俩儿子都当了皇帝，哪怕有一个被抓了，还能有个备胎顶上。@朱祁镇 @朱祁钰

 朱祁镇

……

 朱祁钰

……

 朱祐樘

我只娶一个难道有错？

敲黑板

◀️ 朱厚照曾有过一个弟弟朱厚炜，但朱厚炜小小年纪就夭折了。

◀️ 朱见深是明朝的第八位皇帝，年号成化。他登基后，不顾旁人的阻挠，册封陪伴、照料自己多年的宫女万氏为妃，对她十分宠爱。

◀️ "国本之争"又被称为"争国本"。

万历帝的长子是朱常洛，按照"有嫡立嫡，无嫡立长"的礼法，朱常洛根正苗红，理应被立为太子。但万历皇帝因为偏爱郑贵妃，打心底里希望立郑贵妃生的儿子朱常洵（皇三子）为太子，因此他一直拖着不立太子，和大臣们展开了长时间的扯皮。

这场关于太子之位的争夺，最终的胜出者是朱常洛，也就是后来的明光宗；而朱常洵则被封为福王。

朱常洛的两个儿子先后登上皇位，分别是天启帝朱由校和崇祯帝朱由检，有趣的是，朱常洵的儿子朱由崧（sōng）后来也当了皇帝（南明弘光皇帝）。

"举案齐眉"的典故出自《后汉书》，通常用来形容夫妻之间互敬互爱。

朱棣的皇后是名将徐达的长女。

洪武九年（1376年），十七岁的燕王朱棣迎娶了十五岁的徐姑娘，两人恩爱一生。徐皇后去世后，朱棣大为悲恸。

据史料记载，徐皇后从小恬静文雅，聪明伶俐，喜欢读书，有"女诸生"的美誉。

幼贞静，好读书，称女诸生。

——《明史》

●●●○○ 大明通信 📶 　　　　100% 🔋

< 　我家代代是奇葩（11）　　　⋯⋯

 朱厚照

还有我，我跟李凤姐的传说也是佳话永流传，听说后人可喜欢这段戏呢。😎

 朱厚熜

你那故事是真是假你自己心里清楚，别总拿民间爱看的野史来降低咱们聊天的质量。

 朱厚熜

退一万步说，你跟李凤姐那个事……皇帝爱别人的老婆，这种野史八卦后人能不喜欢看吗？

 朱元璋

怎么，他也和曹操一样？

 朱高炽

有瓜吃？

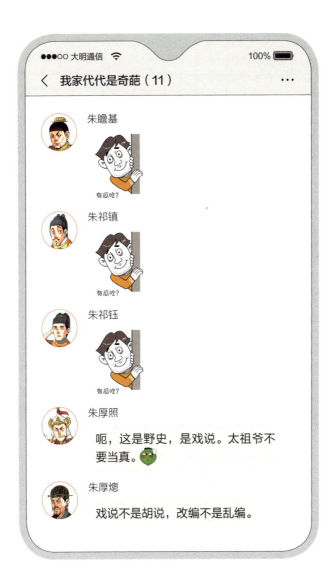

●●●○○ 大明通信 📶　　　　　　　100% 🔋

< 　我家代代是奇葩（11）　　　⋯

 朱厚照

你少张口就来。我还没说你一当皇帝就搞大礼议的事呢，听说还把我留下的旧臣一扫而光！

 朱厚照

怎么，认我爸爸当爸爸就这么难吗？

 朱厚熜

……

 朱祐樘

按理说朱厚熜当皇帝，给他死去的亲爹追封一个什么虚位也不是不行，只是他爹都是藩王了，还能怎么追封？

 朱厚照

追封个帝位呗，人家父凭子贵，死了好几年都能当皇帝。

 朱厚熜

杨廷和说是请我来当皇帝，可不是请我来当太子的！

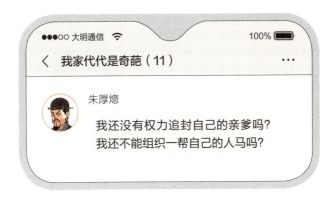

◀)) 经过与群臣的较量，嘉靖帝朱厚熜得偿所愿，将父亲兴献王朱祐杬追尊为兴献帝，并逐渐打造出一套属于自己的政治班底。

◀)) 杨廷和是明代知名的政治家，正德帝驾崩后，身为首辅的杨廷和迎立朱厚熜为帝，没想到朱厚熜虽然年轻，却很有主见，根本不受"摆布"，两人关系很僵。

◀)) 杨廷和的儿子杨慎和主持修编《永乐大典》的解缙、青藤道士徐渭（徐文长）并称"明代三才子"。名句"滚滚长江东逝水，浪花淘尽英雄"就出自杨慎之手。

临江仙/杨慎

滚滚长江东逝水，浪花淘尽英雄。是非成败转头空。青山依旧在，几度夕阳红。

白发渔樵江渚上，惯看秋月春风。一壶浊酒喜相逢。古今多少事，都付笑谈中。

●●●○○ 大明通信 📶　　　　　　　100% 🔋

< 　我家代代是奇葩（11）　　　　···

 朱厚熜

因为大明的帝王世系在您那里也发生了一次转移，从永乐以后的所有大明皇帝，都是您的子孙后代啊。

 朱棣

等等，你刚才叫我什么？

 朱棣

我明明是明太宗，成祖是什么鬼？@朱厚熜

 朱瞻基

是这样的，爷爷，刚才朱厚照说朱厚熜搞的大礼议，就是把自己的亲爹兴献王抬成了兴献帝，自然得在咱们老朱家的祠堂太庙里占个地儿。

 朱瞻基

但是您知道，北京这地方寸土寸金，放个皇帝的牌位和画像，地方都特别紧张，按规矩得踢出一位，腾个地方……

●●●○○ 大明通信 🛜　　　　　100% 🔋

<　我家代代是奇葩（11）　　　···

 朱棣

你的意思是，他把我踢出太庙了？！😆

 朱厚熜

那哪行啊！

 朱厚熜

永乐大帝您英明神武，五次亲征漠北，派郑和下西洋，遣亦失哈巡北海，借我一斤灵丹妙药我也不敢把您挪出太庙啊！

 朱棣

是吗？

 朱厚熜

这不，我把您的庙号改成了成祖，跟开朝的太祖洪武帝一起万世不祧，永远供奉在大明太庙之中。

■) 中国古代的帝王宗庙分为家庙和远祖庙，远祖庙也被称为祧（tiāo）庙。因为辈分变迁而疏远的祖先要依次迁入祧庙，在祧庙中进行合祭。而所谓"不祧"，就是永不迁移，古代帝王中庙号称祖的为万世不祧。

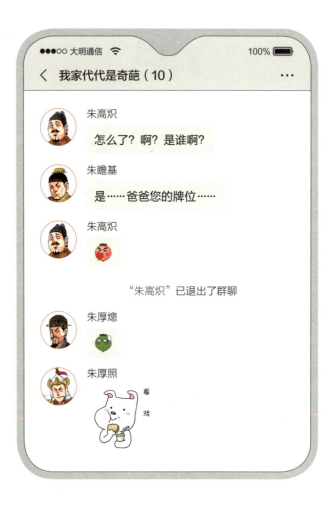

为子铺路，为父挡枪：

大明第一工具人是怎样炼成的

●●●○○ 大明通信 🛜 100% 🔋

〈 我家代代是奇葩（11） ···

"朱瞻基"邀请"朱高炽"加入群聊

 朱高炽

拉我回来干吗呀？我现在在群里怎么这么不得劲儿呢？

 朱高炽

把我的牌位从太庙里移出去，就没有一个人反对？

 朱厚熜

🤭洪熙帝，对不住了！@朱高炽

 朱高炽

我胖是胖了点儿，但我的牌位也不占地方啊。

 朱厚熜

主要是您身体有疾，登基后不到一年就驾崩了，跟我相隔的世系也有些久远……

 朱厚熜

所以，把您的牌位替换出来，群臣倒也无理由反对。

●●○○ 大明通信 📶　　　　　　100% 🔋

< 　我家代代是奇葩（11）　　　···

 朱高炽

原是我不配！

 朱棣

@朱高炽 虽然我生前不怎么待见你，但还是感谢你在百年之后替我挡了一枪。

 朱高炽

爸爸安然无恙就好！

 朱棣

 朱高炽

哎呀，瞧我这一辈子，这工具人当的！

 朱高炽

我爸爸跟我弟弟奉天靖难，我守家。

📍

●●●○○ 大明通信 📶　　　　　　100% 🔋

‹　我家代代是奇葩（11）　　　···

 朱高炽

> 儿子是"好圣孙"，以后可以继位，就先让我当十个月皇帝再驾崩。

 朱高炽

> 身后百年还得给爸爸挡一次灵位搬家……

 朱棣

> 看不出来啊，你还是这么挂念爸爸跟弟弟。

 朱棣

> 你爸爸我在这儿，你儿子瞻基也在，就差你弟弟朱高煦了，要不我把他拉进来！

 朱高炽

>

"好圣孙"指的是朱高炽的儿子朱瞻基。

当初朱棣立太子时，内心倾向于立朱高煦，大臣解缙为了劝服朱棣，说了句"好圣孙"。

朱棣虽然不太喜欢朱高炽，却非常喜爱自己的孙子朱瞻基，解缙的话无疑影响了朱棣最后的抉择。

帝密问缙。缙称："皇长子仁孝，天下归心。"帝不应。缙又顿首曰："好圣孙。"谓宣宗也。帝领之。太子遂定。

——《明史》

* 朱高炽犹豫了一下，领取了红包。

●●●○○ 大明通信 📶 100% 🔋

朱高煦的红包
恭喜发财，大吉大利

1 文

前往钱袋查看 ＞

已领取8/9

朱高炽　1文
15:01

朱厚照　16文
15:00

朱允炆　4文
15:00

朱瞻基　10文
15:00

朱厚熜　45文
14:59

朱棣　22文
14:59

朱祁钰　8文
14:59

朱祁镇　22文
14:59

●●●○○ 大明通信 📶　　　　　　　　100% 🔋

〈　我家代代是奇葩（12）　　　　　···

 朱高煦

我怎么不知道有这个群，什么时候建的？

 朱瞻基

这是我大明朱家皇帝群！

 朱瞻基

不知道爷爷把你拉进来做什么。

 朱高炽

有红包还是要抢一下的。虽然我也不想在群里看见他。

 朱高煦

哟，这不是大哥嘛！@朱高炽

 朱高煦

您身体可好，别来无恙啊？

 朱高炽

别别别！你别来，我就无恙，一看到你我浑身都是病。

●●●○○ 大明通信 📶　　　　　　　　　100% 🔋

< 我家代代是奇葩（12）　　　　···

 朱高煦

　…···

 朱棣

> 高煦啊，听说你想学我，搞第二次靖难之役？

 朱高煦

> 回爸爸的话，您当年靖难起兵，然后有了永乐二十二年的文治武功。

 朱高煦

> 大哥他开启仁宣之治，瞻基也是少年英姿，继承盛世。这么大的家业，咱们朱家攒下来不容易，我是怕瞻基侄儿年少轻狂，跟朱允炆一样，统领不好大明江山。

 朱允炆

🔊 　朱高煦造反失败后，被朱瞻基废为庶人并关押了起来。

　　有一次朱瞻基去探视朱高煦，朱高煦出其不意地伸脚一勾，把朱瞻基绊倒在地。朱瞻基也来了火气，命人用铜缸将朱高煦扣住，铜缸有三百斤重，没想到朱高煦力气很大，竟然把铜缸顶了起来，表演了一出"力能扛鼎"。

　　盛怒之下的朱瞻基让人在铜缸的周围点燃木炭，把朱高煦给活活烤死了。

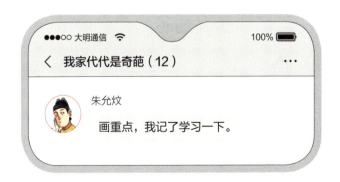

●●●○○ 大明通信 🛜　　　　　　　100% 🔋

く　我家代代是奇葩（12）　　　···

朱高煦
......

朱棣
......

朱瞻基
......

朱棣
怪我不好。

朱棣
当年靖难起兵，老大守卫城池，老二跟我征战，为了忽悠老二努力打仗，我就跟老二说："你加油！你大哥身体不好！"这才让老二以为我要传位给他……

朱高煦
突然觉得，人间没有真情，没有真爱了。😭

朱瞻基
二叔还真拿自己当回事。

●●●○○ 大明通信 🛜 100% 🔋

‹ 我家代代是奇葩（12） ···

朱瞻基

我爸驾崩以后，他就打算篡权夺位，结果被后来的名臣于谦骂得狗血喷头。

朱瞻基

我好心去看他，还被他伸腿绊倒，这才把他扣在了铜缸里，给了他想要的温暖。

朱高炽

儿啊，你二叔跟着你爷爷南征北战，不说功劳，苦劳总是有的。

朱高炽

你不能看他也是火字辈的，就让他这么上火吧。

朱允炆

看来你们家对皇爷爷定下的起名规则意见很大啊？

朱高炽

我可没这个意思啊！

朱高煦在靖难之役中多次为朱棣解围，帮助他脱离困境，这使得朱棣对朱高煦更加喜爱，多次称赞朱高煦跟自己很像。

一次，朱棣对朱高煦说："努力吧，世子（指朱高炽）经常生病。"这话在朱高煦听来大有深意。

王仗钺拊其背曰："勉之！世子多疾。"

——《明通鉴》

 朱高煦叛乱失败投降时，被任命为御史的于谦（就是后来在"北京保卫战"中挺身而出、力挽狂澜的名臣）奉朱瞻基的旨意去数落朱高煦的罪行。于谦义正词严，声色俱厉，骂得朱高煦趴在地上发抖。

 朱元璋为儿子们起名字的时候，不辞劳苦地排好了一系列字辈。比如燕王这一系是"高瞻祁见祐，厚载翊常由，慈和怡伯仲，简靖迪先猷"。他还规定，子孙后代名字的第三个字须为包含五行之一的字，按照木火土金水的顺序循环。

朱高炽、朱瞻基、朱祁镇、朱见深等名字就是很好的例证。

◀⃝ 一个不太冷的冷知识：朱高煦、朱厚照的名字里包含的是"火"。四点底（灬）其实是火字变形而来的。

朱元璋建立明朝后,追封自己的四代祖先为帝。其中,他的高祖父朱百六(宋朝人)被追尊为德祖,谥号玄皇帝;曾祖父朱四九被追尊为懿祖,谥号恒皇帝;祖父朱初一被追尊为熙祖,谥号裕皇帝;父亲朱世珍(即朱五四)被追尊为仁祖,谥号淳皇帝。

朱元璋

你闭嘴才是真的！我那样起名，还不是希望咱们朱家显得有点儿内涵和深度？

朱元璋

我亲自上阵，写下一百多句诗，把咱们老朱家未来几百年子孙后代的名字都规划好了，可谓用心良苦！

朱元璋

这难道不是深谋远虑？

朱允炆

皇爷爷太有创意了。🐷

朱高煦

说白了就是想一出是一出……

朱元璋

你给我滚出去！@朱高煦

＊眼看宝贝儿子要被收拾了，朱棣赶紧出来救场。

●●●○○ 大明通信 📶　　　　　　　100% 🔋

‹　我家代代是奇葩（12）　　　　⋯

 朱棣

爸爸息怒！您的起名方式确实是独一无二。🍑

 朱元璋

哼！

 朱元璋

我的规定也不是死的，名字的第一个字随辈分走，第二个字按"木火土金水"的顺序来取，只要不违背这个原则，你们想怎么发挥都行。

 朱厚照

谁知咱们家人丁这么兴旺，带"木火土金水"的字明显不够用啊，为了不重名，只好强行造了一批生僻字出来。

 朱厚熜

兴旺到你没有子嗣。

 朱厚照

⋯⋯

📍

101

◀) 　由于带"金木水火土"的字不够用，朱元璋的后人便新造了很多字来起名，如朱厚烷（wán）、朱琼烃（tīng）等。

有人认为，清末的科学家徐寿翻译元素周期表时可能就从这些字中获得了灵感。

* 朱高煦识相地退出群聊，一直在潜水的朱见深默默吃瓜并领取了朱高煦的红包。

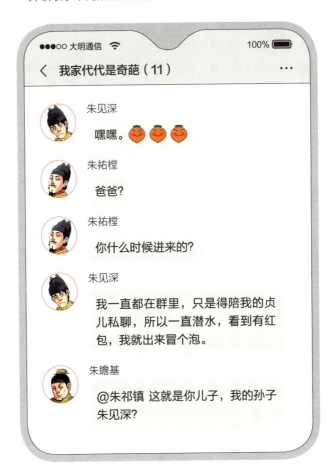

●●●○○ 大明通信 📶 　　　　　100% 🔋

< 　我家代代是奇葩（11）　　　 ···

 朱祁镇

是的，爸爸。

 朱见深

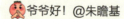 爷爷好！@朱瞻基

 朱祁钰

听说是你帮我和于谦恢复了名誉
的？

 朱见深

是的，叔叔。

 朱祁钰

听说你还对广西土著和辽东诸部用
兵，一度扭转了你爸爸朱祁镇在位
时的积弱局面？

 朱祁镇

······

 朱见深

是的。大明经历了土木之变、夺门
之变，元气大伤，直到我上位后，
总算有了喘息之机。

🔊 朱祁镇复位后，杀害少保于谦、名将范广，清算景泰一朝的忠良、功臣，而朱见深刚一即位就下令为于谦等人平反昭雪。

🔊 于谦为人正直、品格出众，称得上是一位真正的社稷之臣，他的枉死令人唏嘘。

石灰吟/于谦

千锤万凿出深山，烈火焚烧若等闲。

粉骨碎身浑不怕，要留清白在人间。

🔊 身为朱祁镇的儿子，朱见深历经坎坷。景泰三年（1452年），统治日渐稳固的景泰帝朱祁钰不愿让皇位在自己百年之后重回朱祁镇一系，于是将当时的皇太子朱见深废为沂王，改立自己的儿子朱见济为皇太子。直到被软禁在南宫的朱祁镇复辟，朱见深才又恢复了皇太子的身份。

应该说，朱见深完全有理由记恨景泰帝，但他当了皇帝后，却对过往种种表现出一种豁达的姿态，并在成化十一年（1475年）恢复了朱祁钰的帝号。

景泰以往过失，朕不介意。

——《明宪宗实录》

🔊 朱见深在位时宽免赋税，减轻了百姓的负担，使当时的社会经济得到复苏。此外，在南方土著叛乱、辽东女真崛起等问题上，朱见深采取了铁血政策，为巩固边防做出了贡献。

🔊 　万贞儿在历史上留下了恶毒贵妃的形象，据说她常常强迫朱见深的其他妃子堕胎，甚至害死朱祐樘的生母纪氏。

　　其实，堕胎一说最早出自野史，清人修撰《明史》时采用了这段野史。而明人自己修撰的《明实录》，虽然对万贵妃评价也很差，但并无强迫堕胎、残害皇子等记载。

皇帝也摸鱼：

上朝太积极，思想有问题

●●●○○ 大明通信 📶　　　　　　100% 🔋

< 　我家代代是奇葩（11）　　　···

 朱厚熜

美好的一天，从照照 @朱厚照 开始！

 朱厚照

少cue我，少说话。

 朱元璋

我再申明一下，我建的群，不要随便给我拉些莫名其妙的人进来。

 朱见深

 朱元璋

怎么了，说的就是你！

 朱元璋

我连马皇后都没拉进来，你拉那个万氏进来干什么？

 朱见深

其实她没那么老，只是比我大了十七岁而已……最多只是大姐姐。

●●●○○ 大明通信 🛜　　　　　　　100% 🔋

< 　我家代代是奇葩（11）　　　 · · ·

 朱元璋

> 你可得了吧，人家是"女大三，抱
> 金砖"，你呢，女大十七，你想抱
> 啥？

 朱见深

> 因为我爸爸的原因，我这太子生涯
> 过得格外坎坷，几次废立让我的童
> 年充满了变数，还有这不被世人认
> 可的爱情……我太难了。

 朱见深

> 现在我还要被太祖爷这么嘲讽……
> 爸爸，你倒是出来帮我说几句话
> 呀！@朱祁镇

 朱祁镇

> 在群里，你也少cue我。

 朱见深

> 不cue你cue谁啊？

我家代代是奇葩（11）

朱见深
我从小过得那么惨，还不都是因为你？

朱见深
（表情）

朱厚照
咱家人都不容易，爷爷您就别说了。@朱见深

朱厚照
我这就把万历那小子拉进来，跟他爷爷朱厚熜配对。

朱厚熜
（表情）

朱厚熜
我劝你善良，不会说话就别说话。（表情）@朱厚照

🔊　　朱见深与万贵妃之间的感情很深厚，万贵妃病逝后不久，朱见深也去世了。

●●●○○ 大明通信 📶　　　　　　100% 🔋

< 　我家代代是奇葩（12）　　　⋯

 朱瞻基

 朱瞻基

不愧是赚钱高手，有钱，比我二叔发得多。

 朱厚照

能不多吗？万历这小子在敛财方面有的是手段，只有你想不到，没有他做不到。

 朱厚照

在敛财这一点上，他比任何一个明君都要"勤政"。

 朱翊钧

我这还不是为了充实我们家的库银嘛。

 朱元璋

为什么是银子红包，怎么不是大明宝钞了？@朱翊钧

🔊　大明宝钞指的是"大明通行宝钞"，是明朝官方发行的纸币，它是我国也是世界上到目前为止票幅面积最大的纸币，为338毫米×220毫米（比我们平时用的A4纸还要大一些）。

这种宝钞从洪武八年（1375年）开始印制，到弘治、正德时期被逐渐废止，此后铜钱和白银成为明代货币的主流。

◄» 万历帝朱翊钧对"赚钱"兴趣很大，他"赚钱"的手段也多种多样，比如借婚典的由头挪用钱粮、兴办矿税等。其中派太监到地方上开矿征税这一项，成为万历一朝后半期最大的弊害。

◄» "一条鞭法"简单来说就是将各州县的田赋、徭役以及杂征等并为一条，折合成银两征收。

这项制度诞生于嘉靖十年（1531年），在万历九年（1581年）由张居正推广到全国，它减少了各级官吏在收税、征劳役过程中的暗箱操作，一定程度上减轻了百姓的负担，同时也增加了朝廷的财政收入。

●●●○○ 大明通信 📶　　　　　　100% 🔋

< 我家代代是奇葩（12）　　　　···

朱瞻基

不对吧，我听说是你设立矿场，让太监们去监督矿工，疯狂敛财，把大明的银子都运到了自己的宫里。@朱翊钧

朱翊钧

假新闻！

朱翊钧

朱翊钧

这都是海外来的财富，我爸隆庆帝在东边解除了海禁，开关贸易，在西边和蒙古俺答和平封贡，来大明做生意的多了，自然银子就多了。

📍

敲黑板

🔊　朱翊钧的父亲是明穆宗朱载垕，朱载垕的年号是"隆庆"，因此他也被称为隆庆帝。

　　明穆宗的名字通常写作"朱载垕"，然而根据相关史书记载及后人考证，"朱载垕"可能不是明穆宗的真名。《明世宗实录》《皇明诏令》等史料中都记载明穆宗的名字为"载坖"。

　　本文采用朱载坖为明穆宗真名。

🔊　"隆庆开关"指的是隆庆元年（1567年），朱载坖颁布了解除"海禁"的政策，允许民间进行远航贸易，从此直到明朝灭亡，约有三亿三千万两白银从海外流入大明帝国。

●●●○○ 大明通信 🛜　　　　　　　　100% 🔋

〈　我家代代是奇葩（12）　　　　···

 朱元璋

@朱厚照 你刚才要他们爷孙俩配对是什么意思呀？

 朱厚照

他爷爷朱厚熜修仙乱吃药，几十年都没死；他不理朝政，消极怠工，三十年不上朝，大明都没有亡。

 朱元璋

 朱厚熜

五十步笑百步，说得好像你喜欢上朝似的。@朱厚照

 朱厚照

🔊 　嘉靖帝朱厚熜虽然不上朝，但没有停止工作，明朝人王世贞在《首辅传》中描述嘉靖"虽不御殿，而批决顾问，日无停晷。虽深居渊默，而张弛操纵，威柄不移"。

●●●○○ 大明通信　📶　　　　　　　　100% 🔋

‹　我家代代是奇葩（12）　　　　　⋯

　朱厚照

 ●●●●●●

　朱厚熜

没错，这也说明我孙子跟我一样厉害。

　朱厚熜

我也二十多年没上朝，那些大臣还不是被我玩弄于股掌之间。堂兄，羡慕吧！@朱厚照

　朱厚照

　朱允炆

不上朝，被你们说得如此冠冕堂皇，我也是醉了！

　朱元璋

允炆说得对，你们为什么不上朝啊？@朱厚熜 @朱翊钧

123

●●●○○ 大明通信 📶　　　　　　100% 🔋

‹ 我家代代是奇葩（12）　　　‧‧‧

 朱翊钧

我不上朝，是因为腿有疾。

 朱厚照

得了吧，你是因为和大臣们吵架才
不上朝的。🍅

 朱元璋

为什么吵架？

 朱厚照

因为他想让三皇子朱常洵当太子，
闹出国本之争，搅得朝野上下十几
年不得安宁！

 朱祐樘

万历啊，你腿有疾，可能是因为不
上朝在炕上数银子，久坐压迫，腿
才不好使的。

 朱翊钧

……

●●●○○ 大明通信 📶   100% 🔋

<   我家代代是奇葩（12）   ···

朱厚照

> 爸爸好样的，谢谢爸爸！@朱祐樘

朱棣

> 非战斗人员请撤离。@朱祐樘

朱祐樘

> 后辈围攻我儿子，我岂能袖手旁观？晚辈，我还是可以说一说的。

朱厚照

> 爸爸我爱你。❤️ @朱祐樘

朱元璋

> 那嘉靖又是因为什么不上朝啊？

朱厚照

> 他是被宫女勒住脖子，吓出了心理阴影，怕了！

朱厚熜

> 胡说！

●●●○○ 大明通信 📶   100% 🔋

<   我家代代是奇葩（12）   ···

 朱厚熜

> 我那是为了探索天地的至理，潜心修道，才远避皇宫，闭门谢客的。

 朱元璋

> 修道，修道，你咋还不上天呢？

 朱元璋

> 宦官干政了，大臣跟皇帝吵架了，连宫女都敢勒皇帝脖子了！我大明皇威何在？

 朱翊钧

> 太祖爷，您别生气。我也有很牛的地方呀。

 朱翊钧

> 我东边和丰臣秀吉在朝鲜打仗，北边平定宁夏叛乱，南边打垮播州土司叛军，打出了我大明军事的辉煌。

 朱厚照

> 打仗厉害，在我面前，不算能耐。

●●●○○ 大明通信 📶　　　　　　　100% 🔋

< 　我家代代是奇葩（12）　　　　　···

 朱厚照

你的三次大征，掏空了国库的银子，我大明朝正是因为经济窘迫，才在内部镇压起义、外部抵抗清军的战斗中节节失利。

 朱翊钧

呃，说起起义，李自成、张献忠都是崇祯朝的，好像和我没什么关系! 🤦

 朱厚照

那努尔哈赤呢?

 朱厚照

都说明朝灭亡，实亡于万历，努尔哈赤和他的后金汗国都是你养大的!

 朱元璋

这又是怎么回事?

📍

127

●●●○○ 大明通信 📶 　　　　　 100% 🔋

< 我家代代是奇葩（12）　　　　　 …

朱厚照

当年丰臣秀吉侵略朝鲜的时候，努尔哈赤主动请战，要从辽东出兵，结果让万历给否了。

朱厚照

朝鲜之战后，明朝虚弱，朝鲜乏力，努尔哈赤在辽东坐大，最后在萨尔浒之战中打败明军，从此以后明朝在辽东的败局就越发不可收拾！

朱棣

遥想当年，我永乐盛世，远迈汉唐，我还在黑龙江流域设立了奴儿干都司……你可倒好，连个辽东都守不住！

敲黑板

🔊　考古工作者在发掘万历的墓穴（明定陵）时发

128

现，万历的腿形不太正常，右腿明显比左腿短。有学者据此推测万历可能有腿疾。

🔊 李自成与张献忠都是明末的农民军领袖。李自成于崇祯十七年（1644年）攻入北京，推翻了明朝政权。

🔊 朱棣设置奴儿干都司的目的是加强明朝中央政权对黑龙江流域的管辖和经营。

●●●○○ 大明通信 📶　　　　　100% 🔋

‹　我家代代是奇葩（12）　　　···

 朱翊钧

还有我万历年间西学东渐，以利玛窦为代表的西洋传教士给我朝带来了先进的世界观和知识，比如《坤舆万国全图》《几何原本》什么的，这勉强也算是我的功劳吧？

 朱翊钧

明朝到了我这个时候，许多的知识典籍都总结完毕了。

 朱厚照

可就是因为你，我们都把帽子戴错了！许多影视剧里，明朝皇帝的兔耳朵冠……

 朱厚熜

那叫翼善冠！

 朱厚照

我知道，不需要你解释！

●●●○○ 大明通信 📶　　　　　　　100% 🔋

<　我家代代是奇葩（12）　　⋯

 朱厚照

兔耳朵冠本来应该是黑色的乌纱帽，结果好多影视剧里的明朝皇帝都戴成了金丝帽！

 朱翊钧

这跟我有什么关系？

 朱厚照

因为他们都是照着出土实物仿制的！

 朱翊钧

等等，你给我说明白！哪出土的？

 朱厚照

你的定陵。

 朱翊钧

敲黑板

🔊 唐朝中后期政局动荡，从安史之乱开始到唐朝灭亡，唐朝都城长安分别六次沦陷，君主也多次逃难。

🔊 "渐"有流入的意思，西学东渐顾名思义就是西方的学术思想传入中国，起源于明朝后期，一直持续到近代。

🔊 《坤舆万国全图》是意大利人利玛窦在与明代官员李之藻通力合作之下绘制的世界地图，几乎包括了当时世界上的所有国家，详尽与精细程度让人叹为观止。

《坤舆万国全图》流传广，影响大，原图已经散佚，南京博物院收藏有万历三十六年（1608年）明朝宫廷制作的彩色摹绘本。

争C位：

大明皇帝群最靓的仔

●●●○○ 大明通信 📶　　　　　　　100% 🔋

< 　我家代代是奇葩（12）　　　　⋯

 朱棣

当初要削藩，我很支持，带上几万人马去南京交兵权，谁知允炆侄儿竟然烧了皇宫。

 朱棣

俗话说，国不能一日无君，我是迫于无奈才接替了允炆侄儿的皇位。

 朱祁钰

这样的"无奈"给我多来几次，我要！😁

 朱祁镇

你咋不上天？！

 朱瞻基

太爷爷，建文帝也有可能在潜水窥屏。@朱元璋

 朱允炆

......

●●●○○ 大明通信 📶　　　　　100% 🔋

‹　我家代代是奇葩（12）　　　⋯

 朱厚照

老道士嘉靖@朱厚熜 Hulson。

 朱祁镇

厉害了，不愧是会多国语言、除了做皇帝啥都行的奇才！

 朱厚照

 朱祁钰

你哪来的勇气说朱厚照？

 朱祁钰

朱厚照自己跑到边关打败达延汗，你带着二十万大军打出土木之战，还给瓦剌叫门，你什么水平自己心里没点数？

 朱祁镇

你非要哪壶不开提哪壶是吧？

📍

137

●●●○○ 大明通信 📶 100% 🔋

< 我家代代是奇葩（12） ···

朱翊钧

打起来！打起来！

朱厚照

打起来！打起来！

朱元璋

又想造反了是吗？你们能不能消停点？😆

朱祁镇

好的。

朱祁钰

好的。

朱翊钧

好的。

朱厚照

好的。

*群里安静了不到两分钟，耐不住寂寞的朱厚照又开始了⋯⋯

●●●○○ 大明通信 📶　　　　　　　100% 🔋

< 　我家代代是奇葩（12）　　　　⋯

 朱厚照

那个……我有个问题不知道当问不
当问？

 朱厚熜

不当问就别问了。

 朱厚照

你闭嘴！

 朱元璋

你又想整哪一出啊？@朱厚照

 朱厚照

谁才是咱们朱家聊天群的C位啊？
@所有人

 朱厚熜

反正不是你。

 朱厚照

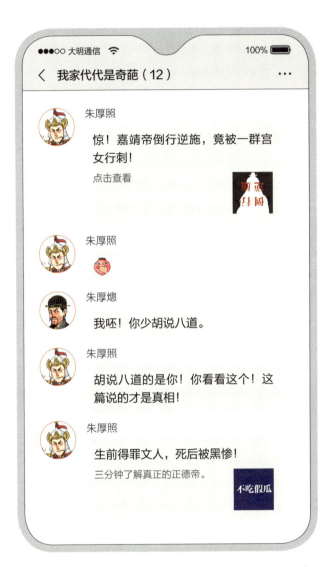

殉葬是自古以来的一种丧葬习俗，在辽金元时期愈演愈烈，朱元璋建立明朝后延续了用活人殉葬这一残暴的做法。天顺八年（1464年），明英宗朱祁镇在临终前将这个制度废除，到了清初，人殉重又兴起。

●●●○○ 大明通信 📶　　　　　100% 🔋

‹　我家代代是奇葩（14）　　⋯

 朱厚熜

> 又羡慕了吧？既然我家的人都来了，我们就聊点儿让你更羡慕的事吧。

 朱厚照

>

 朱厚照

> 从现在开始跟我聊天要收费，你聊多少钱的？

 朱厚熜

> 我孙子万历有的是钱。就继续聊你问的C位吧——论谁是大明皇帝中在位时间的王者！

 朱厚照

> ⋯⋯

 朱载坖

> 说到在位时间，我爸爸嘉靖帝就算不是第一，第二也是稳稳的了。在位四十年战队中就只有我爸嘉靖和我儿子万历。

📍

●●●○○ 大明通信 📶　　　　　　100% 🔋

< 我家代代是奇葩（14）　　　　···

 朱元璋

那你一个在位六年的皇帝不觉得羞愧？@朱载坖

 朱载坖

总比我孙子泰昌帝朱常洛在位二十九天强点吧。

 朱常洛

 朱元璋

参照物倒是会选，给你的物理老师加鸡腿。@朱载坖

 朱载坖

低调低调。😎

 朱载坖

接下来是三十年战队，在这一战队中，首推太祖爷洪武帝！二十年的嘛，永乐、正统、成化都OK。

🔊 如果按在位时间给明朝皇帝分个战队……

年号	皇帝	在位时长	战队
万历	朱翊钧	48年	四十年战队
嘉靖	朱厚熜	45年	
洪武	朱元璋	31年	三十年战队
成化	朱见深	23年	二十年战队
永乐	朱棣	22年	
正统、天顺	朱祁镇	22年	
弘治	朱祐樘	18年	十年战队
崇祯	朱由检	17年	
正德	朱厚照	16年	
宣德	朱瞻基	10年	
景泰	朱祁钰	8年	个位数战队
天启	朱由校	7年	
隆庆	朱载坖	6年	
建文	朱允炆	4年	
洪熙	朱高炽	10个月	
泰昌	朱常洛	1个月	

●●●○○ 大明通信 📶　　　　　　100% 🔋

< 我家代代是奇葩（14）　　　　⋯

朱厚照

在位时间的王者，应该选在位时间短且有功绩的皇帝。

朱厚照

依我看，这冠亚季军，应该是在位二十九天的泰昌帝朱常洛，在位不足一年的洪熙帝朱高炽，还有在位六年的隆庆帝朱载坖。

朱元璋

哦？他们都有什么功绩啊？

朱厚照

隆庆开关，俺答封贡，朱载坖功劳不小吧？

朱厚照

洪熙帝更是仁宣之治的开创者。

朱瞻基

那是，太祖的洪武之治，爷爷的"永乐雄风"，我爸爸和我的仁宣之治，合称明初三大治世。

●●●○○ 大明通信 📶   100% 🔋

< 我家代代是奇葩（14）   **···**

 朱厚照

> 泰昌帝朱常洛虽然在位二十九天，好歹也是长子，又经历了明末三大案的折磨，怎么也得给个安慰奖吧！

 朱常洛

> 我虽是长子，但也跟洪熙帝一样，不怎么受亲爹待见。😤

 朱高炽

> 别别别，虽然我们都短命，但我好歹还是个老实人。

 朱瞻基

> 就是，你爸万历不喜欢你，是因为你是宫女王氏所生。@朱常洛

 朱常洛

> 宫女出身怎么了？

 朱瞻基

> 因为你爸万历的母亲李太后以前也是宫女，他自然对宫女出身这件事很敏感。

●●●○○ 大明通信 📶　　　　　　　100% 🔋

< 　我家代代是奇葩（14）　　　 ⋯

 朱厚照

> 还有你太爷爷嘉靖也差点被宫女勒死，你爸能不忌讳吗？

 朱厚熜

>

 朱翊钧

> 我虽然不待见你，但是你每天吃得香，穿得好，还有戏听，你就知足吧。@朱常洛

 朱常洛

> 我的一生充满了偶然。

 朱常洛

> 偶然地出生，偶然地被立为太子，偶然地成为臣子和皇帝博弈的工具……

 朱常洛

> 我苦熬三十八年终登帝位，不到一个月就蹊跷地死去……

📍

149

●●●○○ 大明通信 📶　　　　　　100% 🔋

‹　我家代代是奇葩（14）　　　···

朱常洛

15″

雪花飘飘，北风潇潇，天地一片苍茫。

朱常洛

朱元璋

你爱情剧看多了吧，哪来这么多的偶然？

朱常洛

朱厚照

画重点！听说泰昌帝朱常洛是吃"红丸"吃死的，了解一下！老道士！@朱厚熜

📍

150

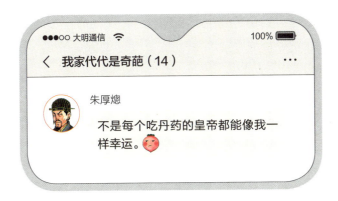

 万历帝朱翊钧的母亲李太后是宫女出身。

朱翊钧偏爱宠妃郑贵妃的儿子朱常洵，对朱常洛不怎么待见，据说有一次他和李太后谈起朱常洛，李太后问他为什么总是不大喜欢朱常洛，万历帝随口说了句："他是宫女的儿子！"

李太后勃然大怒，说："你也是宫女的儿子！"

万历帝自觉失言，不由得十分惶恐。

 万历帝死后，朱常洛即位，但没几天就一病不

起。当时有个叫李可灼的官员献上"仙丹"，所谓
"仙丹"就是一种红色的药丸，朱常洛服下红色药
丸后精神好了不少，就催李可灼再献一丸。然而第
二粒药丸服下后不久，朱常洛就去世了。

"红丸案"是明末三大案之一，关于红色药丸
到底是什么、这件事有没有幕后黑手以及朱常洛到
底是不是吃红丸死的，在当时和后世都有许多争议。

◀》　万历新政一般指的是张居正改革。

　　张居正是明朝中期著名的政治家和改革家，他在万历年间开展的一系列改革，在缓和社会矛盾、提高国家的财政收入、强化军事国防等方面都起到积极的作用。

　　但在万历十年（1582年）张居正病逝后，这些改革政策被万历帝推翻，仅保留了一条鞭法等少数措施。

🔊 张居正字叔大，号太岳，小名白圭。

据说张居正出生前，他的曾祖父梦见一轮明月落在水瓮之中，变成一只白龟，于是就给自己的曾孙取名为"白圭"（圭是一种玉制的礼器）。

张居正从小就是远近闻名的神童，长大后官一直做到了内阁首辅。

🔊 内阁首辅是指在内阁中位列第一的辅臣；除首辅外还有次辅、群辅。杨廷和、徐阶、张居正等都是明朝著名的首辅。

首辅的权力在嘉靖年间、隆庆年间与万历初期达到顶峰，张居正死后，首辅的权势逐渐衰落。

* 朱棣打开群聊，日常窥屏，一开始还边看边乐，当看到朱载坖说"二十年的嘛，永乐、正统、成化都OK"时，不禁怒从心头起，杀进"战场"……

●●●○○ 大明通信 📶   100% 🔋

< 　我家代代是奇葩（14） 　　　 ⋯

 朱棣

你们吵归吵，但是不要把朱祁镇的正统与我永乐并列！

 朱祁镇

太爷爷，我怎么就不能跟您相提并论了？

 朱祁镇

您在位二十二年，我先在位十四年，后在位八年，也是二十二年，论在位时间也就我跟您一样了啊。

 朱棣

你还好意思提先后即位？！你怎么不提自己被瓦剌人俘虏，到漠北吃了一年的生羊肉？

 朱棣

你太爷爷我当皇帝的时候，五次征讨漠北，打得元朝残部抬不起头。你可倒好，第一次土木之变被瓦剌人打败，第二次夺门之变又戕害亲弟弟朱祁钰夺位。

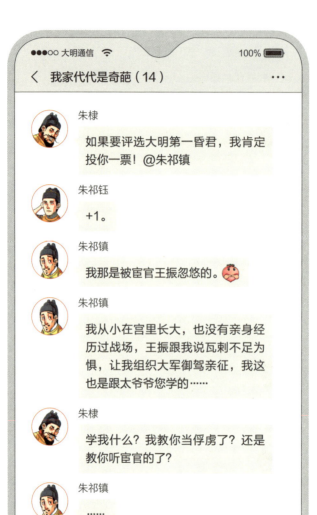

●●●○○ 大明通信 🛜　　　　　　100% 🔋

‹　我家代代是奇葩（14）　　　⋯

朱棣
如果要评选大明第一昏君，我肯定投你一票！@朱祁镇

朱祁钰
+1。

朱祁镇
我那是被宦官王振忽悠的。

朱祁镇
我从小在宫里长大，也没有亲身经历过战场，王振跟我说瓦剌不足为惧，让我组织大军御驾亲征，我这也是跟太爷爷您学的……

朱棣
学我什么？我教你当俘虏了？还是教你听宦官的了？

朱祁镇
……

●●●○○ 大明通信 🛜　　　　　　100% 🔋

< 我家代代是奇葩（14）　　　⋯

 朱厚熜

王振忽悠英宗朱祁镇，让我大明在
土木之变中吃了亏。朱厚照也好不
到哪去，他也被另一个宦官刘瑾玩
弄于股掌之间。

 朱厚照

这也能cue到我？🤬🤬🤬另外，
谁说我被刘瑾忽悠了？最后他身上
的三千多刀，不是我下令凌迟的
吗？

 朱厚熜

你们想想，他都罪及凌迟了，为祸
还少吗？恐怕朝野上下早就怨声载
道了。

 朱瞻基

看来我大明也重蹈东汉和晚唐的覆
辙了啊。英宗朝的王振，正德朝的
刘瑾，还有那天启朝的魏忠贤，都
是为祸一方的大太监。汉、唐、明
一不小心，成了宦官作乱的三大王
朝。🍅

●●●○○ 大明通信 📶   100% 🔋

<   **我家代代是奇葩（14）**   ···

 朱棣

> 还是我调教得好，你看我派去南下西洋的郑和，航海家！派去北巡奴儿干都司的女真人亦失哈，纵横家！

 朱棣

> 他们虽然也是宦官，但都是人才，不是败类。你们玩不转，纯粹是人品问题。

 朱祁镇

> ……

 朱厚照

> ……

 朱瞻基

> 不过咱们明朝的权宦只是逼迫贤良、贪污受贿，没有作恶到像唐朝时那样威胁皇帝生命的地步。我大明的皇帝说句话就能收拾他们，他们所拥有的一切权势，瞬间就会灰飞烟灭。

敲黑板

在中国历史上，宦官为害最烈的要数东汉与晚唐。在东汉时，皇帝常常借助宦官的力量与外戚集团抗衡，因此宦官能够逐渐掌权。而晚唐的宦官气焰更大，他们能够控制皇帝的废立，甚至决定皇帝的生死。

🔊 明朝的宦官得势时间很长，从永乐帝以来，宦官就一直活跃在朝堂之上，天启年间的魏忠贤更是权倾人主，生祠遍天下，被称作"九千岁"。

但是，明朝的宦官虽然手握大权，在气焰上却不如东汉与晚唐时的宦官。就比如魏忠贤，在天启年间他能呼风唤雨，等到崇祯帝朱由检即位，他却很快垮台了。

🔊 钱谦益是明末清初的著名文人。他出生于明万历十年（1582年），文才高，有名望，是东林党领袖之一。

尽管在文学上的成就不容忽视，但他投降清朝之举，又使他在气节上为人所不齿（也有学者经过考证，认为钱谦益降清后曾暗中资助郑成功反清）。总的来说，钱谦益是个性格复杂、颇具争议的人。

拒绝"杠精"入群：

那些年被皇帝老板讨厌过的员工们

●●●○○ 大明通信 🛜　　　　　　　100% 🔋

〈　我家代代是奇葩（14）　　⋯

朱元璋

> 怎么一个个都没精打采的？又熬夜干什么坏事了？

朱元璋

> @所有人

朱翊钧

> 呃，昨晚数银子数得有点晚。

朱厚照

> 我是查资料挖老道士一家的黑历史，睡晚了！

朱厚熜

> ⋯⋯

朱元璋

> 你没事挖他家的黑料干吗？

朱厚照

> 补足功课，才能在群聊里百战百胜，毕竟我是常胜威武大将军嘛！

🔊　明武宗朱厚照喜欢在自己的小天地里随心所欲，他先后建立了豹房和镇国府。此外他还在宫中大搞集市，体验买进卖出、讨价还价的乐趣。

●●●○○ 大明通信 📶　　　　　　　100% 🔋

‹　我家代代是奇葩（14）　　　⋯

 朱祐樘

儿啊，我看你是说不过你这堂弟的。@朱厚照

 朱厚照

我说不过，但他的大臣们可以。开门，请海瑞！

 朱瞻基

海瑞刚刚加了我，说他也想进群！@朱元璋

 朱厚熜

拒绝"杠精"入群！

 朱元璋

海瑞是谁啊，为什么叫人家"杠精"？

 朱厚熜

是海瑞海刚峰，海南双璧之一。

🔊 明朝的海瑞和丘濬都是海南琼山人，并称"海南双璧"。海瑞字汝贤，号刚峰，是古代著名的清官；丘濬字仲深，号深庵、玉峰，别号海山老人，

是明代中期很有影响力的思想家、史学家、政治家、经济学家和文学家。

🔊 嘉靖四十五年（1566年），海瑞给嘉靖帝朱厚熜呈上《治安疏》，批评皇帝一心修道、不理朝政，疏中说"嘉靖者，言家家皆净而无财用也"，用"嘉靖"的谐音"家净"来讽刺朱厚熜大肆敛财，导致民不聊生。

●●●○○ 大明通信 📶　　　　　　　100% 🔋

‹　我家代代是奇葩（14）　　　　⋯

 朱厚熜

　杀清官，我还不至于昏庸至此。

 朱厚熜

　人家包拯把口水吐到宋仁宗脸上，宋仁宗也就擦了一把脸，让他继续说。

 朱厚熜

　我虽爱修仙，但还是个明君。

 朱元璋

　嗯，有出息了。

 朱瞻基

　什么鬼？怎么张居正也加我说想要进群？

 朱元璋

　@朱瞻基 看把你这个群管理忙的！张居正又是谁啊？

 朱厚照

　老道士嘉靖的湖北老乡。

📍

167

●●●○○ 大明通信 📶　　　　　　　100% 🔋

‹　我家代代是奇葩（14）　　　　···

 朱厚熜

> 啊，这个，张居正是我的秘书。这孩子怎么要申请进入皇帝群，是不是脑子"秀逗"了？

 朱翊钧

> 那是因为他把自己当成了摄政王！

 朱厚熜

> 呵呵，这张居正都不是咱们朱家的人！

 朱翊钧

> 可他自己说过，他不是辅佐皇帝的相臣，而是摄政！

 朱厚熜

> 厉害了，这就是你爸@朱载坖 给你安排的好辅政大臣……

 朱载坖

> ……

●●●○○ 大明通信 📶　　　　　　　　100% 🔋

< 　我家代代是奇葩（14）　　　···

朱元璋

来吧，第二盘瓜子我也准备好了。说说怎么回事吧！

朱翊钧

我爸隆庆帝驾崩以后，给我留下了两个太后，一个首辅，一个次辅。

朱翊钧

这张居正就是次辅，相当于二丞相。他当上首辅之后着手改革财政，积蓄国力，我大明迎来了万历中兴。

朱厚熜

哦？是吗？不愧是我提拔的大臣！

朱载坖

功劳归你，背锅是我。真是我的好爸爸！@朱厚熜

朱厚熜

怎么？你有意见啊？

●●●○○ 大明通信 📶　　　　　　　100% 🔋

‹ 我家代代是奇葩（14）　　　　···

 朱载坖

儿子不敢！😡

 朱厚熜

那就少说多听！

 朱厚熜

那张居正后来怎么样了？@朱翊钧

 朱翊钧

呃……后来我亲政了，把他剥夺官爵，还抄了家……

 朱载坖

为什么呀？

 朱翊钧

还不是因为他跟飞机跑道似的，管得太宽！

 朱翊钧

他不光要掌握朝廷的所有大事，就连我的生活、我读什么书，他都要来插一脚。

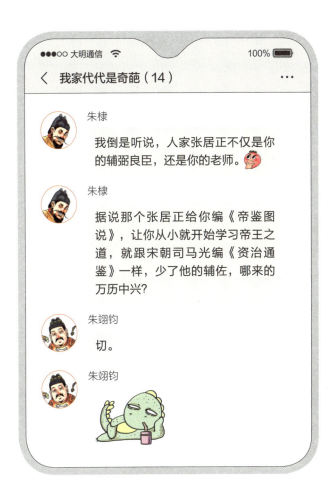

　《帝鉴图说》是张居正亲自为当时年仅十岁的

万历帝朱翊钧编撰的御用教科书，该书分上下篇，其内容由一章章的小故事构成，还配有插图（有点像我们小时候看的插图版寓言故事），透过一个个历史典故，教导朱翊钧帝王之道。

🔊　　北宋史学家司马光主编的《资治通鉴》是一部编年体史书，书中有许多为政的经验教训，这部作品之所以名为"资治通鉴"，是因为宋神宗赵顼认为此书"鉴于往事，有资于治道"。

西厂是成化十三年（1477年）设立的，全称为"西缉事厂"，职能和东厂类似，也是从事一些特

务活动。之所以命名为西厂，一是为了表明和东厂彼此相对，二是因为西厂选址选在西城。当时西厂的权力一度超过东厂，后来被迫撤销。到了正德年间又重新开设。

🔊 内行厂是正德年间刘瑾设立的。刘瑾倒台后，内行厂与西厂一并被裁撤。

🔊 成立先后：锦衣卫→东厂→西厂→内行厂

　　权势大小：内行厂＞西厂＞东厂＞锦衣卫

🔊 《皇明祖训》是明太祖朱元璋为了巩固皇权而编纂给后世子孙的训诫书，最初名为《祖训录》，洪武二十八年（1395年）更名为《皇明祖训》。内容包括禁用酷刑、禁立丞相、如何处置犯法的皇亲国戚、如何管理后宫等多个方面。

●●●○○ 大明通信 🛜　　　　　　　100% 🔋

< 　我家代代是奇葩（14）　　　···

朱翊钧

> 太祖爷，您定下来的那些"苛政"就适合明初那种内部休养生息、对外连年征战的环境，可是天下承平日久，你那套不好使了。

朱厚熜

> 是啊，况且从1368年建立，到1644年清军入关，大明江山维持了二百七十六年不短了。

朱厚熜

> 要说明亡啊，有人总甩锅说"实亡于万历"，更过分的甚至说"始亡于嘉靖"。😆

朱厚熜

> 其实唐朝二百九十年，宋朝三百二十年，都比咱们多不了多少，是吧？还有元朝才九十多年……

朱载坖

> 听说还有小冰河期的原因，加上内部李自成起义，外部清军入关，明末左支右绌也是不容易啊。

敲黑板

🔊 关于明朝的灭亡，有一种说法认为"（明）非亡于崇祯，而亡于天启，实亡于万历，始亡于嘉靖"。

🔊 左支右绌（chù）的意思是难以顾及多个方面的问题，应付了这里，别的地方又出了问题。

🔊 一些学者研究发现，明朝末年处于地球的"小冰河期"，当时气温格外低，自然灾害频发，对社会局面的动荡起到很强的催化作用。

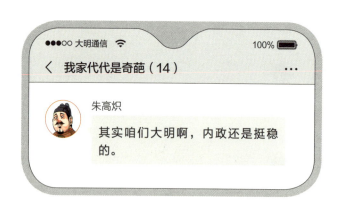

●●●○○ 大明通信 🛜　　　　　100% 🔋

‹ 我家代代是奇葩（15）　　　···

朱高炽

> 权臣被打压了，藩镇被根除了，宦官干政也没有汉唐剧烈，就连后宫，都是消消停停的，贤后迭出啊。

朱载坖

> 是啊，太祖的马皇后，成祖的徐皇后，万历的李太后，都是后宫典范。

"朱瞻基"邀请"圣烈慈寿皇太后"加入群聊

圣烈慈寿皇太后

> 为什么没有我这个孙皇后？

敲黑板

 李太后是万历皇帝朱翊钧的生母，她希望把朱翊钧培养成明君，对他的管教十分严格，一旦发现不良行为，便会加以斥责，甚至让他长跪以示惩戒。

🔊 圣烈慈寿皇太后是朱祁镇生母孙氏的徽号。朱瞻基去世后，朱祁镇即位，孙皇后升级为孙太后；朱祁镇夺门复位后，为孙太后加徽号"圣烈慈寿皇太后"。史料中上没有记载孙氏的姓名。

* 为了彰显身份地位，孙氏将自己的社交平台昵称设置为"圣烈慈寿皇太后"。

●●●○○ 大明通信 📶　　　　　　　100% 🔋

‹　我家代代是奇葩（15）　　　　···

圣烈慈寿皇太后

　太爷爷，您看我这头像，像是会秀
　恩爱的脸吗？ 😳

朱元璋

　那你进来想干什么？

朱祁钰

　是她，是她，就是她！一个想掌权
　的太后！

圣烈慈寿皇太后

　······

朱元璋

　真是反了，竟敢无视我大明后宫不
　得干政的家规！ 😬

圣烈慈寿皇太后

　太爷爷，您先别生气！您有您的规
　矩，我有我的功绩呀！

📍

●●●○○ 大明通信 📶　　　　　　100% 🔋

‹　我家代代是奇葩（15）　　　···

 圣烈慈寿皇太后

> 我掌权后，英宗朝初期的国家实力基本同宣宗朝相等，奈何我儿朱祁镇没事非要出去浪，结果被瓦剌人俘虏。😓

 圣烈慈寿皇太后

> 但我并未临阵脱逃，而是任命于谦为兵部尚书，扶郕王朱祁钰上位，守住了北京城。

 朱瞻基

> 没事，反正都是我儿子。

 朱祁镇

> ······

 圣烈慈寿皇太后

> 要我说啊，若不是我，后世各位可能都要被抓去放羊。

 朱祁钰

> 呵呵。

180

●●●○○ 大明通信 📶　　　　　　100% 🔋

< 我家代代是奇葩（15）　　　　　···

朱祁镇

@朱祁钰 听到了吗？要不是我妈扶你上位，你也就当一辈子王爷的命！

朱祁钰

扶我上位？

朱祁钰

我本来当王爷当得好好的，都是你作死被瓦剌人抓走，害我被迫营业当皇帝！你回来以后又发动夺门之变，一脚把我踹开，过河拆桥，你好意思吗？

朱祁镇

为什么不好意思？皇位本来就是我的！

朱祁钰

好歹我也当了那么多年皇帝，为什么不让我进十三陵？

●●●○○ 大明通信 🛜   100% 🔋

< 我家代代是奇葩（15）   •••

 朱祁钰

 朱元璋

什么情况？我大明不是十六帝吗，
怎么只有十三陵？

 朱翊钧

回太祖爷，因为建文帝朱允炆下落
不明，正统帝朱祁镇不让景泰帝朱
祁钰进祖庙，所以落下了两个。

 朱元璋

那还有一个呢？

 朱翊钧

呃……你们谁来告诉太祖爷？

 朱翊钧

@所有人

📍

183

🔊 　在明朝的十六位皇帝中，朱元璋葬于南京，朱允炆下落不明，其余的皇帝除朱祁钰外，都葬在昌平天寿山。

明十三陵对应皇帝一览表

长陵	明成祖朱棣
献陵	明仁宗朱高炽
景陵	明宣宗朱瞻基
裕陵	明英宗朱祁镇
茂陵	明宪宗朱见深
泰陵	明孝宗朱祐樘
康陵	明武宗朱厚照
永陵	明世宗朱厚熜
昭陵	明穆宗朱载坖
定陵	明神宗朱翊钧
庆陵	明光宗朱常洛
德陵	明熹宗朱由校
思陵	明思宗朱由检

倒霉蛋的诞生：

不受亲爹待见，还碰上了三大案

●●●○○ 大明通信 📶　　　　　　　100% 🔋

‹　我家代代是奇葩（16）　　　⋯

朱元璋

8″

Judy！你把我一个人丢在南京，有考虑过一个空巢老人的感受吗？

朱棣

爸爸，我错了！

朱元璋

错哪了？😆

朱棣

错在进群了。

朱元璋

3″

我&……％￥#……~！

"朱由校"通过扫描"朱常洛"分享的二维码加入群聊

朱由校

新人报到！

●●●○○ 大明通信 📶 100% 🔋

〈 我家代代是奇葩（16） ···

朱由校

太祖爷，我给您做了把木椅，改日给您送去。

朱元璋

听说你是个发明小能手，宫里的很多木制品都是你做的？

朱由校

嘿嘿，低调，低调。

朱祐樘

说到发明，我也发明了一个全世界人都在用的东西！

朱元璋

哦？什么东西啊？

朱祐樘

牙刷！厉害吧。

朱厚照

@朱祐樘 爸爸真厉害！

* 一提到发明，正在边刷群聊边陪老婆看肥皂剧的朱祐樘
立刻不困了。

◄» 　中国人很早就有漱口的习惯，《礼记》中有
"鸡初鸣，咸盥漱"的说法，《史记·仓公传》中也
有关于"食而不漱"导致龋（qǔ）齿的病例记载。

◄» 　英国2004年出版的《发明大全》一书中认为明
孝宗朱祐樘在弘治十一年（1498年）发明了牙刷，
这种牙刷用猪鬃做刷毛、兽骨做刷柄。但也有资料
显示，中国现今出土最早的牙刷是秦代的青铜牙
刷，而南宋也已经有了专门制作、售卖牙刷的店铺。

●●●○○ 大明通信 📶   100% 🔋

〈   我家代代是奇葩（16）   ···

 朱由校

> 我不单喜欢做木匠活儿，与这一行相关的技艺我几乎都很擅长。🌶️

 朱祁镇

> 会做木匠活儿有什么了不起，你得会治理朝政。

 朱祁镇

> 我听说天启年间发生了一场大爆炸，跟古印度的死丘事件、俄罗斯的通古斯大爆炸合称世界三大自然灾难之谜，这到底是怎么一回事，不会是研究出什么秘密武器了吧？

 朱由校

> 这个倒不至于。

 朱由校

> 不过我大明的火药武器的确独步天下，我要是再多活几年，读到崇祯朝宋应星写的《天工开物》，我觉得我都可以冲击一下"诺贝尔木工奖"了！

📍

* 事实是，朱由校多活多少年都不可能冲击"诺贝尔木工奖"的，因为诺贝尔奖只有物理学奖、化学奖、生理学或医学奖、文学奖、和平奖和经济学奖这六项。

敲黑板

🔊 天启六年（1626年），北京的王恭厂火药库发生了一起大爆炸，据说爆炸现场情状离奇，且至今原因不明。这起爆炸被称为"天启大爆炸"或"王恭厂大爆炸"，它和古印度的"死丘事件"、俄罗斯的"通古斯大爆炸"被称为世界三大自然灾难之谜。

🔊 在明代，火器的使用已经相当广泛。明代禁军三大营之一的神机营就是一支专管火器的部队，这也是世界上第一个成建制的火器部队。

🔊 《天工开物》是一部科学著作，作者是崇祯年间的宋应星。这是世界上第一部关于农业和手工业生产的综合性著作，书中总结了中国古代的各项技术，其中许多生产技术一直沿用到近代，被西方学者赞誉为"技术的百科全书"。

●●●○○ 大明通信 📶　　　　　100% 🔋

< 我家代代是奇葩（16）　　　⋯⋯

朱元璋
看把你能的，你怕是忘了自己的本职工作是什么了吧？

朱由校
……

朱厚熜
听说你做的木雕都模样逼真、十分精巧，就算是放到集市上卖，也能卖出不错的价钱？

朱由校
是啊，这种自豪感你们是体会不到的！

朱由校

朱元璋
是大明宝钞不够用了，还是天下政事不够忙？

194

●●●○○ 大明通信 🛜 100% 🔋

< 我家代代是奇葩（16） ⋯

 朱元璋

你们这一个个的，玩得倒是真花啊！

 朱祐樘

太祖爷，您忘啦，您的大明宝钞早就不用了……

 朱元璋

血压突然又升高了。

 朱由校

太祖爷注意身体啊，千万别生气！您那个气啊，都是在病上得的啊。

 朱元璋

……

 朱厚照

应该说"您那个病啊，都是在气上得的"！你这木工做的，话都不会说了是吗？@朱由校

●●●○○ 大明通信 📶 　　　　　　　100% 🔋

< 　我家代代是奇葩（16）　　　　 ···

 朱由校

　这是我们年轻人流行的说法，你们
　落伍了！

 朱常洛

　儿啊，我倒是觉得你更应该注意身
　体。@朱由校

 朱常洛

　你看爸爸我是在位时间最短的，
　你呢，好像是大明皇帝里命最短
　的⋯⋯

 朱由校

　⋯⋯

 朱厚照

　哈哈，我好歹活了三十岁，天启你
　刚二十三岁就崩了。😁

 朱厚熜

　人家天启是身体不好，死之前身子
　都是浮肿的。你怎么这么没有爱
　心，还欺负人家一个孩子？

●●○○ 大明通信 🛜　　　　　　100% 🔋

< 　我家代代是奇葩（16）　　　　　···

朱厚照

我呸，说实话也能叫欺负？

朱厚照

不谈寿命，文化水平低总归是他的
不是了吧？

朱厚照

你们成天说我爱闲逛，不学无术，
你们看看天启，他不也是只知道摆
弄积木吗？

朱由校

正德帝，我好像跟你无冤无仇吧？
你追着我打是什么意思？@朱厚照

朱由校

朱厚照

谁让你是老道士那一脉的。

●●●○○ 大明通信 🛜　　　　　　100% 🔋

< 　我家代代是奇葩（16）　　　···

朱由校

说到学习，我也不是不想学。

朱由校

你看我小时候那个生存条件，我爸 @朱常洛 当太子当得朝不保夕，以至太监忽悠一个闲散小流氓就敢进东宫殴打太子……

朱元璋

这又是怎么回事啊？！太子怎么就沦落到这步田地了！

朱元璋

当年我的标儿可是根正苗红、权倾天下的太子，怎么你们的太子就混成了这样？

朱常洛

唉，这就要说到明末三大案了！

朱允炆

又有瓜吃？

●●○○ 大明通信 📶　　　　　　100% 🔋

< 　我家代代是奇葩（16）　　　⋯

朱允炆

有瓜吃？

朱常洛

你们也知道，我爸万历帝想要让郑贵妃的儿子福王朱常洵当太子，挤掉我这长子的位置，所以成天打压我，害得我成天生活得战战兢兢。

朱高炽

太可怜了。

朱常洛

我苦啊！当太子的时候在自己的宫里无故被打；继承皇位没多久，不过是吃了点丹药，莫名其妙就死了；尸骨未寒又来了个移宫案⋯⋯

朱常洛

老天真是一天安稳日子都不想让我过！😭

📍

199

＊朱常洛是一个神奇的皇帝，他在明朝一十六帝中存在感不强，但明末三大案却都与他有关。

🔊 "梃击案"发生在万历四十三年（1615年）。

当时有个叫张差的平民突然闯入太子居住的地方行凶伤人，被捉住后他先是表现得像一个疯子，后来又在审讯时突然供出是郑贵妃手下的太监指使他去刺杀皇太子的。

大臣们都觉得幕后主谋肯定就是郑贵妃，群情激奋地要求严惩主谋。眼看事情越闹越大，万历帝不想再追究下去，他不得不出面调解郑贵妃与朱常洛的关系，并且向群臣表示自己完全没有换皇太子的心思。

这件事于是草草了结，万历帝以疯癫之罪公开处死了张差，又暗中下令处决了郑贵妃手下的太监。

🔊 "移宫案"发生在朱常洛驾崩之后。

朱常洛即位不久就在"红丸案"中莫名死去，朱常洛宠爱的李选侍（选侍是指选入宫里但没有名分的侍女）为了替自己争取到更多的利益，赖在乾清宫不走，把即将登基的新帝朱由校扣押在自己身边，让朱由校做自己的传话筒。登基典礼前夕，大臣们来到乾清宫门口，逼李选侍离开，顶不住压力的李选侍被迫前往前朝妃嫔养老的宫殿。

●●○○ 大明通信 🛜   100% 🔋

< 　我家代代是奇葩（16） 　　　···

 朱由校

文盲倒不敢当，只是学问差了点。
可是这不耽误我爱发明啊，而且还
有魏忠贤替我看场子。

 朱翊钧

好一个治世能臣魏忠贤。

 朱由校

爷爷好，您终于冒泡啦？@朱翊钧

 朱翊钧

好什么？我整天背锅能好吗？

 朱翊钧

再说了，我不喜欢你爸朱常洛，偏
想立朱常洵，那又怎么了？你们咬
我啊！

 朱由校

所以说人算不如天算嘛，最终继位
的还是我爸。我叔朱常洵也没落个
好下场。

据明人计六奇在《明季北略》中的记载，崇祯十四年（1641年）正月，李自成的起义军攻克河南洛阳，杀进福王朱常洵的府邸，朱常洵被起义军烹杀。因为福王生前很爱饲养梅花鹿，于是福王和梅花鹿共同成为李自成士兵的晚餐。

贼置酒大会，以王为菹，杂鹿肉食之，号福禄酒。

——《明季北略》

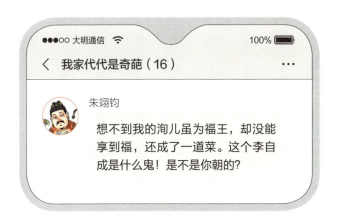

●●●○○ 大明通信 🛜　　　　　　　　100% 🔋

〈　我家代代是奇葩（16）　　　　⋯

朱翊钧

想不到我的洵儿虽为福王，却没能享到福，还成了一道菜。这个李自成是什么鬼！是不是你朝的？

末帝崇祯入群！朱元璋:

"扶我起来，我还能骂！"

●●●○○ 大明通信 📶　　　　　100% 🔋

‹　我家代代是奇葩（17）　　　···

 朱允炆

> 我皇爷爷的高血压还处在上升期，你们确定要拉崇祯进群吗？

 朱元璋

> 没事，扶我起来，我还能骂。

"朱由校"邀请"朱由检"加入群聊

 朱瞻基

> 欢迎大明末代皇帝朱由检加入群聊。👋

 朱祁镇

> 欢迎大明末代皇帝朱由检加入群聊。👋

 朱厚照

> 欢迎大明末代皇帝朱由检加入群聊。👋

 朱厚熜

> 欢迎大明末代皇帝朱由检加入群聊。👋

李自成起义军攻入北京后，崇祯帝朱由检在煤

山上吊自杀。煤山就是今天北京的景山，位于北京市西城区。据说当初兴建紫禁城时此地曾堆放煤炭，所以被称为煤山。

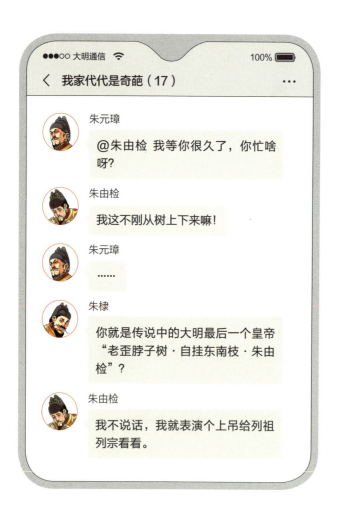

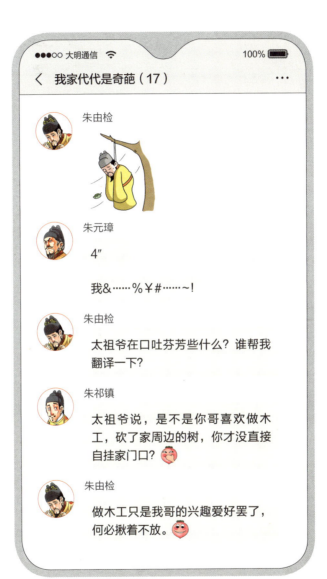

●●○○ 大明通信 📶　　　　　　100% 🔋

〈　我家代代是奇葩（17）　　・・・

朱祁镇
你哥的兴趣爱好对于治理朝政一点用都没有，反而让魏忠贤等人趁机掌控了朝政。

朱由检
😡说起重用太监，还不是从您开始的。王振，您忘了？ @朱祁镇

朱祁镇
・・・・・・

朱由校
好样的，弟弟！

朱由校
3″

好久没见，有空约个木啊？

朱由校
@朱由检

🔊 据史料记载，崇祯自缢时因为感到无颜面对列祖列宗，所以披散头发，将脸遮住。

朕死无面目见祖宗。自去冠冕，以发覆面。任贼分裂，无伤百姓一人。

——《明史》

* 朱由校约弟弟朱由检一起做木工，朱元璋把"木啊"听成了"mua"，忍不住有所感慨……

朱元璋

这兄弟俩还挺相亲相爱的嘛。

朱元璋

你们几个多跟人家学学。@朱祁镇 @朱祁钰 @朱厚照 @朱厚熜

朱祁镇

朱祁钰

朱厚照

朱厚熜

朱载垕

崇祯啊，听说李自成造反的时候，当皇帝的是你，自毁长城、凌迟袁崇焕的也是你，凤阳皇陵被农民军破坏的时候，当皇帝的又是你？

●●●○○ 大明通信 🛜 100% 🔋

<　　我家代代是奇葩（17）　　⋯

 朱由检

> 回太爷爷，我也不想的。

 朱翊钧

> 还有，听说换首辅比换内衣都勤的是你，没守住洛阳、害得我儿福王被下锅炖了的也是你，催孙传庭出潼关决战以至全军覆没的还是你？

 朱翊钧

 朱由检

> 回爷爷，我也不想的。

 朱元璋

> 你是复读机吗？你自我检讨就不能换句台词？ @朱由检

敲黑板

🔊 自毁长城的意思是自己削弱自己的力量。

这个成语出自南北朝时期的一个典故，说的是名将檀道济因功高震主而获罪，被捕时他愤怒地说："你这是在破坏你的万里长城！"

（檀道济）曰："乃坏汝万里长城。"

——《南史》

🔊 袁崇焕是明朝末年的著名将领，曾多次击败前来进犯的后金军，更在崇祯二年（1629年）击退破关而入攻打北京的皇太极，解了京师之围。

崇祯三年（1630年）八月，袁崇焕因为"谋叛"而遭凌迟处死。

🔊 位于安徽省凤阳县的明皇陵是朱元璋为自己的父母、兄嫂修建的陵墓。崇祯八年（1635年），张献忠率领的农民起义军攻占凤阳，纵火焚烧，明皇陵遭到毁坏。

🔊　崇祯帝朱由检为人比较高傲多疑，他在位的十几年里，平均每年要换三个阁臣，有不少人刚入阁就被逐出。到了崇祯末年，他还时常感叹“君非亡国之君，臣皆误国之臣”。

●●●○○ 大明通信 📶　　　　　　100% 🔋

< 我家代代是奇葩（17）　　　　⋯

 朱由校

> 弟弟，这我就得说你两句了。你最后会落败，怪只怪你生性多疑，不信任自己的员工。

 朱由检

> 我的多疑也是遗传太祖爷的，当年他不也诛杀了很多开国功臣吗？

 朱元璋

> 我呸！🥵 这多疑还能隔着十几代遗传哪，你这锅咋不甩到你祖宗十八代那去？！

 朱由检

> ……

 朱允炆

> 皇爷爷他是为了江山稳固，是政治需要，你倒好，断送了江山，还在煤山自缢。@朱由检

●●●○○ 大明通信 📶　　　　　100% 🔋

< 　我家代代是奇葩（17）　　　　⋯

 朱由检

我这是践行"天子守国门，君王死社稷"，为江山社稷而死的！

 朱由校

弟弟，上个吊都能被你说得如此清新脱俗……@朱由检

 朱祐樘

说好的兄友弟恭，相亲相爱呢？

 朱厚照

 朱由检

我又不是正儿八经准备接班当皇帝的料，既没有洪武帝开国的雄才大略，也没有永乐帝竞聘上岗的竞争意识，还不像宣德帝那样从小就被当接班人培养……

●●●○○ 大明通信 📶　　　　　100% 🔋

< 　我家代代是奇葩（17）　　　 ···

 朱由检

我临时被拉过来充数，还兢兢业业地富国强兵，最后还跟大明荣辱与共了，你们说我容易吗？

 朱祁钰

那我就好奇了，你又是怎么当上皇帝的？ @朱由检

 朱由检

我哥驾崩，没有子嗣，我就顺其自然地继承了皇位。

 朱厚熜

天启除了做木工，别的什么都不关心。到头来，连个能继位的儿子也没有，跟朱厚照挺像的。

 朱厚照

●●●●●●

●●●○○ 大明通信 🛜　　　　　　100% 🔋

< 　我家代代是奇葩（17）　　　⋯

朱常洛

没事，反正都是我儿子。谁继承都
无所谓！

朱厚熜

是啊，就跟我继承一样。

朱厚照

人家那是亲弟继承，可不是堂弟。
@朱厚熜

朱厚熜

那也怪不了我啊，谁让你爸妈只有
你这么一个儿子，你自己还没有子
嗣呢。@朱厚照

朱祐樘

……

朱厚照

……

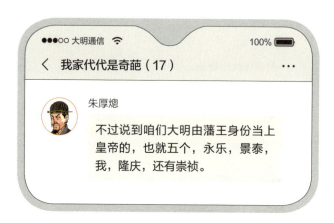

◀) 　在明朝以藩王身份登基的五位皇帝中，景泰、隆庆和崇祯为京内藩王，永乐和嘉靖为京外藩王。

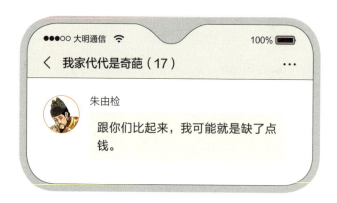

●●●○○ 大明通信 📶　　　　　　　　100% 🔋

〈　**我家代代是奇葩（17）**　　　　　⋯

 朱厚照

那是，人家老道士的钱都供给神仙了。

 朱厚熜

我一辈子花给神仙的钱也不及你一年打赏给女人的钱多。咱大明后宫要是开直播，你就是妥妥的"榜一大哥"。

 朱厚照

 朱厚熜

谢谢我照哥送出的嘉年华，来来来，咱们给"榜一大哥"点点关注啊。

 朱厚照

你还演上了是吧？

●●●○○ 大明通信 📶　　　　　　　100% 🔋

< 我家代代是奇葩（17）　　　**···**

 朱由检

> 哎呀，大家和气生财，不要总是互相伤害嘛！要记住我们的口号："We are 伐木累！"

 朱元璋

> "伐木累"又是什么？你能不能说点阳间的话？@朱由检

 朱允炆

> 皇爷爷，"伐木累"是英语family的音译，是家庭的意思，就是说咱们是一家人。

 朱元璋

> 哦！

 朱由校

> 弟弟，你要是穷的话你早点跟哥说呀。@朱由检

 朱由校

> 哥多做几个屏风让太监们拿去卖，好给你捐一点。

●●●○○ 大明通信 📶　　　　　100% 🔋

‹　我家代代是奇葩（17）　　　⋯

 朱由检

> 北防清兵，南平内乱，两线作战需要的银子，你怕是得做绕地球一圈的屏风。

 朱由校

> 钱虽然不多，但也是哥哥的一片心意嘛。

 朱由检

> 谢了，你还是留着多买几套工具吧。😅

 朱翊钧

> 你哥做的屏风能不能绕地球一圈我不知道，但是你甩的锅，绕满紫禁城肯定是没问题的。@朱由检

 朱由检

> 有吗？

 朱翊钧

> 听说你想和清军议和，于是找了个叫陈新甲的大臣帮你联络这事。

225

陈新甲是万历三十六年（1608年）的举人，在崇祯年间当上了兵部尚书，受到皇帝的器重。但在崇祯十五年（1642年），他却获罪被处死了。

对于他的死，目前流传比较广的说法是他是替皇帝背了锅。据说松锦之战战败后，明朝处于内外交困的境地，崇祯帝朱由检秘密派遣陈新甲与清军议和，后来陈新甲的家童无意中泄密，朝野上下一片哗然，为了平息舆论，朱由检便杀了陈新甲。

我家代代是奇葩（17）

朱由检

再说了，我又不是真正的亡国之君，我后边还有南明！

朱由检

南明有名有姓的皇帝就有弘光、隆武、绍武、永历四个，还有监国鲁王，夔东十三家抗清，就连张献忠的大西军李定国都参加了南明继续抗清。直到永历在1662年被吴三桂勒死，咱们朱家的明朝才算结束。

朱由检

你们可别什么锅都让我背！

敲黑板

🔊　南明（1644—1662）是明朝宗室在南方相继建立的数个政权的合称。

1644年，福王朱由崧在南京称帝，改元弘光。弘光政权存在了一年。

1645年，唐王朱聿（yù）键在福州称帝，改元隆武。隆武政权存在了两年。

1646年，桂王朱由榔在肇庆称帝，改元永历。1662年，朱由榔在昆明被吴三桂所杀，南明政权灭亡。

●●●○○ 大明通信 📶 100% 🔋

〈 我家代代是奇葩（18） ···

 朱见深

> 回太祖爷，贞儿看到我奶奶孙皇后进群，就非要效仿她，于是抢了我的手机把自己拉了进来。

 朱元璋

> 混账东西！ 😡

 万贞儿

> 朱重八，别以为你是老祖宗我就不敢骂你！

 万贞儿

> 上次进群，我才跟大家问了个好就被踢了。我背了那么多锅，都不让我进来说两句。

 朱元璋

> 什么东西！ @朱见深 你给我狠狠地揍她。

 朱见深

> 我……

●●●○○ 大明通信 📶　　　　　　100% 🔋

‹　我家代代是奇葩（19）　　　⋯

朱元璋
怎么，你还怕老婆不成？

朱见深
谁不怕老婆啊？😆

朱元璋
我就不怕！😤

朱棣
爸爸，你敢说下我妈的缺点吗？

朱元璋
怎么不敢？！

"马秀英"通过"朱棣"分享的二维码加
入群聊

朱元璋
你妈最大的缺点就是没有缺点！

马秀英
😆😆😆

📍

231

* 正史中没有确切地记载马皇后的名字，"马秀英"出自部分戏剧与野史，也是马皇后流传比较广的名字。

敲黑板

◀) 元朝末年，朱元璋加入郭子兴的义军，由于表现出色，郭子兴就把自己的养女马氏许配给朱元璋。

朱元璋与马氏是真正的患难夫妻，后来朱元璋做了皇帝，马氏成了皇后，两人的感情依然很深，朱元璋脾气大，往往只有马皇后劝得动他。

◀) 洪武十五年（1382年），马皇后得了病，大臣们请求为她祭祀、祈祷，寻访良医。马皇后却对朱元璋说："死生有命，祈祷、祭祀又有什么用呢？况且，要是我吃了药也不见效，你能不因为我而迁怒于那些医生吗？"

后谓帝曰："死生，命也，祷祀何益？且医何能活人！使服药不效，得毋以妾故而罪诸医乎？"

——《明史》

马皇后：

站在食物链顶端的女人

●●●○○ 大明通信 📶　　　　　　　100% 🔋

< 我家代代是奇葩（19）　　　···

 马秀英

怎么我一进来，群里这么安静？是
不欢迎我吗？@所有人

 朱厚熜

打坐呢，勿扰！

 朱元璋

我看你是欠打！

 朱元璋

你太祖奶进群，气氛还不赶紧烘托
起来？@朱厚熜

 朱厚照

就是，老道士欠收拾。

 朱厚熜

我呸，你闲着也没见你迎接太祖
奶。

 朱由校

美好的一天，从正德、嘉靖互呸开
始。

●●●○○ 大明通信 📶　　　　　　100% 🔋

‹ 　我家代代是奇葩（19）　　　···

 马秀英

你后代遗传的基因还是不错的，每个人各有所长，就是生错了年代。要是都晚生个几百年，《达人秀》肯定有他们的一席之地。

 马秀英

你看哪，朱允炆、朱厚熜，一个和尚一个道士。

 朱厚熜

 马秀英

朱祁镇可以做点代购生意，代购蒙古肉干奶酪。朱祐樘可以去婚姻登记处——谁敢重婚就收拾谁！朱厚照搞动物饲养，朱由校搞木工机械，齐了！

 朱棣

妈妈说得对。

●●●○○ 大明通信 📶　　　　　　　　100% 🔋

< 我家代代是奇葩（19）　　　　···

 朱棣

他们就是太奇葩了，硬是把皇帝做成了副业，把龙椅当成了沙发，想躺就躺。

 朱厚照

······

 朱厚熜

······

 朱翊钧

······

 朱常洛

······

 朱由校

······

 马秀英

@朱厚照 @朱由校 这二位就是大明十六帝里命最短的两位皇帝吧？说起来他俩还挺有缘的。

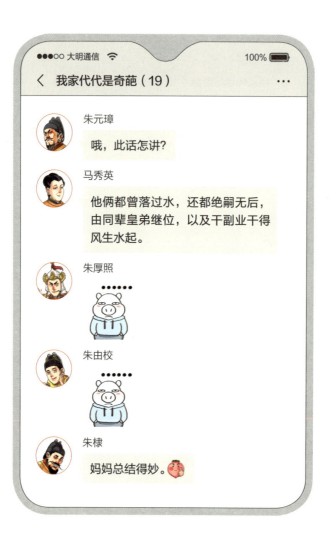

◄))　据《明史》记载，正德十五年（1520年），朱厚照在游玩途中不慎落水，被救起后身体一日不如一日，几个月后过世。

◄))　天启五年（1625年），朱由校到西苑游船，一阵大风将船掀翻，朱由校跌入水中，很可能因此落下了病根。

我家代代是奇葩（19）

朱允炆
> 再说落水吧，哎呀你说我到底搁哪个海了？我四叔还挺关心的，派人五大洲七大洋地到处找我。

朱棣
> 找你也有错？

朱允炆
> 关键是我在火海消失，你下海找我是几个意思？

朱棣
> ……

马秀英
> 老四啊，看来你很好地践行了你爸传下来的农民精神。

朱棣
> 咋了，妈？

●●●○○ 大明通信 🛜　　　　　　　　100% 🔋

< 　我家代代是奇葩（19）　　　···

 马秀英

肥水不流外人田呗，你看这都不用等允炆传位给太子，你就自动接手了。

 朱棣

妈呀，可不是那么回事，你可别听你孙子打小报告。

 朱允炆

靖难之役，你的心思昭然若揭，还需要我跟奶奶打小报告吗？😳

 朱棣

说到这事儿，你们得想这么一个问题。

 朱棣

我大哥驾薨之后，皇位后继无人。我爸儿子这么多，非得遵循礼制传给朱允炆这个小毛孩。

🔊 元大都是元朝的首都，是由元代名臣刘秉忠规划建设的。

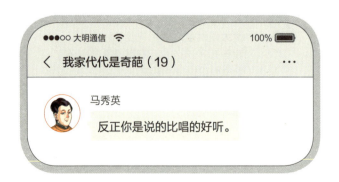

朱棣的生母到底是不是马皇后，在历史上存在争议。有学者根据《南京太常寺志》中的线索，推

测朱棣是碽（gōng）妃所生，而《明史》中则记载
朱棣的生母就是马皇后。

文皇帝讳棣，太祖第四子也。母孝慈高皇后。

——《明史》

●●●○○ 大明通信 📶　　　　　　　　100% 🔋

< 　我家代代是奇葩（19）　　　⋯

马秀英

听说嘉靖你除了修道，还喜欢"撸猫"？@朱厚熜

朱厚照

老道士爱猫轰轰烈烈最疯狂，还给猫立碑撰文！

朱厚照

搞得人家吴承恩写《西游记》的时候，什么天上飞的，地上跑的，水里游的都写成了妖怪，唯独猫妖不敢写。

朱厚熜

爱猫有错吗？猫不比那帮喋喋不休的大臣顺眼多了？我看现在故宫里的那些宫猫，说不定就是我养的猫的后代。

*故宫里有很多可爱的猫咪，这些网红猫已经成为故宫一道靓丽的风景线。

🔊　嘉靖帝特别爱养猫，据说他曾养过一只名叫"霜眉"的猫，这只猫全身毛色淡青，双眉洁白，很通人性。"霜眉"死后，嘉靖十分悲恸，为其立碑祭祀。

🔊　《西游记》中虽然有提到过猫，但并没有写猫妖，有人猜测是因为当时的嘉靖帝非常爱猫，所以作者吴承恩特意避开猫妖。其实这很可能只是个巧合，与嘉靖帝无关.

🔊　明清时期是我国古典小说发展的一个高峰期。四大名著中有三部（《水浒传》《三国演义》《西游记》）都成书于明朝。

●●●○○ 大明通信 📶　　　　　　　100% 🔋

〈　我家代代是奇葩（19）　　　　···

马秀英

你还真是个合格的铲屎官。

朱高炽

铲屎官不止他一个，我也是，不过我喜欢养狗。

马秀英

哎哟，小胖子咋还自己送上门来了。

马秀英

听说你是咱大明的第一工具人啊。@朱高炽

朱高炽

奶奶，怎么连你都知道我是工具人了？@马秀英

马秀英

这不是显而易见的吗？你看啊，当年我们家老四问别人是朱高炽好还是朱高煦好，结果人家大臣回答了一句："好圣孙。"

●●●○○ 大明通信 📶　　　　　　　100% 🔋

‹　我家代代是奇葩（19）　　　　···

 马秀英

> 合着老四就是为了想让朱瞻基继位才让你继的位。你不是工具人谁是工具人？

 朱高炽

> 9″

> 我懂我懂，奶奶你别念了别念了，下面我估计你又要说那牌位的事了。

 朱祁镇

> 排位？什么排位？谁打排位赛不带我？

 马秀英

> 你就是以一己之力搞垮整个大明军事，成为蒙古人手中的ATM机的朱祁镇？

 朱祁镇

>

●●●○○ 大明通信 📶 　　　　　　100% 🔋

‹ 　我家代代是奇葩（19）　　　　···

 朱祁镇

我们聊排位行吗？

 马秀英

就你这个水平，打仗都输，还打游戏？你可别变成游戏黑洞，被人家骂祖宗十八代。

 朱祁镇

我那是因为队友坑，你看我身边都是些什么人！

 朱祁镇

尤其是我弟弟！

 朱祁钰

 马秀英

@朱祁镇 听说你被俘虏到北国之后，你的皇后着急上火，思念成疾，哭到眼睛都瞎了。

🔊 　朱祁镇被俘虏后，他的妻子钱皇后想尽办法却还是无法将丈夫营救回来，她无能为力，日夜啼哭，最终哭瞎了一只眼睛。

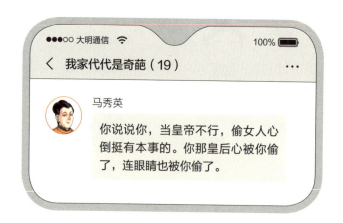

●●●○○ 大明通信 📶　　　　　　　　100% 🔋

‹　我家代代是奇葩（19）　　　⋯

马秀英

来啊，儿孙们，给我教训教训这个浑小子。让他知道我们女子是不可以辜负的。

朱元璋

上夹棍！

朱祁钰

得令，我先出第一拳。

朱祁镇

……

朱棣

来呀，把郑和带回来的榴梿给我拿过来！

朱厚照

关门，放老虎。

朱翊钧

给我拿银子砸！

●●●○○ 大明通信 📶　　　　　　　　100% 🔋

< **我家代代是奇葩（19）**　　　　　···

 马秀英

我大脚怎么了，你这一天天的大脚大脚地叫。

 朱元璋

我那不是爱称吗?

 马秀英

你也要知道，若无此足，安能镇定得天下?

 马秀英

当年你被仇家追杀，身负重伤，我背着你一路逃命。试想一下，我要是小脚，自己都跑不动，怎么可能还能驮着一个大男人奔跑?

 朱元璋

我错了，我错了，老婆永远是对的。@朱由检 快来跟你太祖奶唠会儿嗑。

* 民间一直有传闻说马皇后从小没有裹脚，所以有一双大脚，这个传闻深入人心，后世也据此进行很多文艺上的加工，不过正史上并没有这样的记载。

致 谢

胥渡吧"古代帝王群聊"系列能够出圈，被无数观众喜爱，离不开每一位小伙伴的献声与出力。值此新书出版之际，我代表胥渡吧团队感谢大家的付出与支持。

配音组：

石泰铭	胥 渡	张子牙	许 鹏	仙 仙
小 蝶	魏奇玉	胡东方	不 懂	刘天赐
大 熊	王 度	益 达	薛屹楠	康振文
菲 儿	明烛天	五月龙	刘小芸	王志鹏
张三丰	孟 宪	小俏妞	小 林	大 亮
颖 东	明 儿	周 强	覃 勤	恩戴米恩

编制组：

胥 渡	仙 仙	孟天骄	韩子晨	刘天赐

图书在版编目（CIP）数据

历史太好玩了！：古代帝王群聊.明朝篇／胥渡著
.—哈尔滨：哈尔滨出版社，2021.8
ISBN 978-7-5484-6156-2

Ⅰ．①历… Ⅱ．①胥… Ⅲ．①中国历史—明代—通俗
读物②帝王—生平事迹—中国 Ⅳ．①K209②K827=2

中国版本图书馆CIP数据核字（2021）第135026号

书 名：历史太好玩了！——古代帝王群聊.明朝篇
LISHI TAI HAOWAN LE!——GUDAI DIWANG QUNLIAO. MINGCHAO PIAN

作 者：胥 渡 著
责任编辑：尉晓敏 李维娜
责任审校：李 战
封面设计：主语设计

出版发行：哈尔滨出版社（Harbin Publishing House）
社 址：哈尔滨市香坊区泰山路82-9号 邮编：150090
经 销：全国新华书店
印 刷：嘉业印刷（天津）有限公司
网 址：www.hrbcbs.com
E-mail：hrbcbs@yeah.net
编辑版权热线：（0451）87900271 87900272
销售热线：（0451）87900202 87900203

开 本：880mm×1230mm 1/32 印张：8.5 字数：160千字
版 次：2021年8月第1版
印 次：2023年3月第4次印刷
书 号：ISBN 978-7-5484-6156-2
定 价：55.00元

凡购本社图书发现印装错误，请与本社印制部联系调换。 服务热线：（0451）87900279